El juego de la vida

para mujeres

(y cómo jugarlo)

El juego de la vida

para mujeres

(y cómo jugarlo)

Florence Scovel Shinn

Grupo Editorial Tomo, S.A. de C.V.
Nicolás San Juan 1043
03100 México, D.F.

1a. edición, abril 2014.

The Game of Life for Women (And How to Play It)
Florence Scovel Shinn

P.O. Box 1389, Camarillo CA 93011-1389

Nicolás San Juan 1043, Col. Del Valle
03100 México, D.F.
Tels. 5575-6615, 5575-8701 y 5575-0186
Fax. 5575-6695
www.grupotomo.com.mx
ISBN-13: 978-607-415-637-9
Miembro de la Cámara Nacional
de la Industria Editorial No 2961

Traducción: Lorena Hidalgo Zebadúa
Diseño de portada: Karla Silva
Formación tipográfica: Marco A. Garibay
Supervisor de producción: Leonardo Figueroa

Impreso en México - *Printed in Mexico*

Contenido

El juego

A cada mujer se le concedió el poder absoluto
para llevar "su paraíso" hacia "su mundo"
por medio del pensamiento adecuado.
Esta es la meta de El juego de la vida.

La mayoría de la gente piensa que la vida es una lucha, pero no es así, es un juego.

No obstante, es un juego que no podemos jugar con éxito si no conocemos la Ley Espiritual, y las reglas del juego se encuentran expresadas, con una claridad maravillosa, en el Antiguo y en el Nuevo Testamentos. Jesús nos enseñó que es un grandioso juego de *Dar y recibir*.

"Todo lo que la mujer siembre, es lo que cosechará". Esto quiere decir que, cualquier cosa que la mujer envíe al mundo en forma de palabra o acción, regresará a ella; lo que envíe es lo que recibirá.

Si envía odio, recibirá odio; si envía amor, recibirá amor; si envía crítica, recibirá crítica; si miente, le mentirán; si engaña, la engañarán. También se nos enseña que la capacidad para imaginar desempeña un papel muy importante en *El juego de la vida*.

"Con toda diligencia guarda tu corazón (o imaginación), porque de él brotan los manantiales de la vida". (Proverbios 4:23)

Esto significa que lo que una mujer imagina, tarde o temprano se manifiesta en su realidad. Conozco a alguien que tenía miedo de cierta enfermedad. Se trataba de una enfermedad muy rara y difícil de contraer, pero constantemente se la imaginaba y leía acerca de ella, hasta que se manifestó en su cuerpo. La mujer murió víctima de su imaginación distorsionada.

Así pues, para jugar de manera exitosa *El juego de la vida* es necesario que entrenemos nuestra capacidad para imaginar. Una persona cuya imaginación está entrenada para imaginar solo lo bueno, atrae a su vida "todo deseo honesto de su corazón": salud, riqueza, amor, amigos, autoexpresión perfecta e ideales más elevados.

La imaginación recibe el nombre de "tijeras de la mente", pues siempre están "cortando y cortando", día tras día, las imágenes que la mujer ve en ella; y tarde o temprano se encuentra con sus propias creaciones en el mundo exterior. Para entrenar correctamente la imaginación, debemos entender el funcionamiento de la mente. Los griegos dijeron: "Conócete a ti mismo".

Existen tres aspectos de la mente: el *subconsciente*, el *consciente* y el *supraconsciente*. El subconsciente es solo poder sin dirección. Es como una corriente de electricidad y hace lo que se le indica que haga; no posee poder de inducción.

Todo lo que una mujer siente profundamente o se imagina, claramente se imprime en la mente subconsciente y se lleva a cabo hasta el más mínimo detalle.

Por ejemplo: Una mujer que conozco, cuando era niña solía "jugar" a que era viuda. Se ponía ropa de color negro y usaba un largo velo negro; a la gente le parecía ingeniosa y divertida. Cuando creció, se casó con un hombre de quien estaba profundamente enamorada. Al poco tiempo, él murió y durante muchos años se vistió de negro y usó un largo velo negro. La imagen de sí misma como viuda se imprimió en su subconsciente, y a su debido tiempo se manifestó, sin importar el caos creado.

La mente consciente también se llama mente carnal o mortal. Es la mente humana y ve la vida como *parece que es*. Ve la muerte, los desastres, las enfermedades, la pobreza y las limitaciones de todo tipo, y lo imprime en el subconsciente.

La mente supraconsciente es la mente de Dios que se encuentra dentro de cada uno de nosotros y es el reino de las ideas perfectas. En ella está el "patrón perfecto" del que hablaba Platón, o el *diseño divino*, pues existe un diseño divino para cada persona. "Existe un lugar que debes llenar y nadie más que tú puede hacerlo; algo que tú debes hacer y que nadie más puede hacer".

En la mente supraconsciente existe una imagen perfecta de ello. Por lo general, se proyecta con un destello en forma de ideal inalcanzable; "algo demasiado bueno para ser verdad".

En realidad es el verdadero destino de una mujer que la inteligencia infinita *de su interior* le presenta como un destello. Sin embargo, mucha gente ignora su verdadero destino y lucha por cosas y situaciones que no le pertenecen y que, si las obtuviera, solo la llevarían al fracaso y la insatisfacción.

Por ejemplo: Fue a verme una mujer y me pidió que decretara que ella se casaría con la persona de quien estaba profundamente enamorada (se refería a él como A. B.).

Le dije que hacerlo sería violar la ley espiritual, pero que sí podía decretar la palabra para que encontrara a la persona adecuada, la Selección divina, la persona que le pertenecía por Derecho divino.

Añadí: "Si A. B. es el hombre adecuado, entonces no vas a perderlo; y si no lo es, entonces te llegará alguien equivalente". Solía ver a A. B. con frecuencia, pero en su amistad no se daba ningún avance. Un día me llamó y dijo: "¿Sabes qué? Estos últimos días, A. B. ya no me ha parecido tan maravilloso". Le contesté: "Puede ser que A. B. no sea tu selección divina; quizá otra persona sea la adecuada". Poco tiempo después conoció a alguien que se enamoró de inmediato de ella y decía que ella era su mujer ideal. De hecho, él decía todas las cosas que ella siempre deseó escuchar de labios de A. B.

Me aseguró: "Me sorprendí muchísimo". Al poco tiempo le correspondió y dejó de sentir interés por A. B. Este ejemplo nos enseña la ley de sustitución. Una idea equivocada fue sustituida por una adecuada, por lo tanto, no hubo pérdida ni sacrificio.

Jesús dijo: "Busquen primero su reino y su justicia, y todas estas cosas les serán añadidas", y también dijo que el Reino está en el interior. El Reino es el reino de las *ideas adecuadas*, o el patrón divino. Nos enseñó que las palabras desempeñan un papel muy importante en *El juego de la vida*: "Porque por tus palabras serás justificado, y por tus palabras serás condenado". Muchas personas han atraído desastres a su vida debido a las palabras descuidadas.

Por ejemplo: Una mujer me preguntó por qué su vida se había convertido en una vida de pobreza y limitaciones. Antes tenía una casa y estaba rodeada de cosas hermosas, pero por lo general se sentía cansada de llevar las riendas de su casa y constantemente decía: "Ya estoy harta de todo esto; me gustaría vivir en una choza". Y añadió: "Hoy vivo en una choza". Por su enunciado decretó que vivía en una choza. La mente subconsciente no tiene sentido del humor y la gente suele hacer bromas que le generan experiencias amargas.

Por ejemplo: Una mujer que tenía mucho dinero solía decir de broma que "estaba preparándose para vivir en el hospicio". Unos cuantos años después, estaba a punto de ser una pordiosera por haber impreso en la mente subconsciente la imagen de carencia y limitación. Por fortuna, la ley funciona en ambos sentidos, y una situación de carencia puede ser sustituida por una de abundancia.

Otro ejemplo: Un día de verano que hacía mucho calor, una señora vino a verme para que le diera un tratamiento de prosperidad. Estaba agotada, alicaída y desanimada. Dijo que lo único que tenía en el mundo eran ocho dólares. Le dije: "Está bien. Bendeciremos los ocho dólares y los multiplicaremos, igual que Jesús multiplicó el pan y el vino", pues nos enseñó que *todos* tenemos el poder de bendecir y multiplicar, de sanar y prosperar.

Preguntó: "¿Y ahora qué hago?". Le contesté: "Sigue tu intuición. ¿Tienes una corazonada que te diga que hagas algo o que vayas a algún lugar?" La intuición significa recibir enseñanza desde el interior. Es la guía infalible de la mujer. Pero hablaré sobre sus leyes con más detalle en otro capítulo.

La mujer contestó: "No lo sé, creo que tengo la corazonada de volver a mi casa. Tengo el dinero justo para el boleto de avión". Su casa estaba en una ciudad lejana y el razonamiento (o el intelecto) le habría indicado: "Quédate en Nueva York, busca trabajo y gana dinero". Le dije: "Entonces vete a casa; nunca prestes oídos sordos a una corazonada".

Decreté las siguientes palabras: "Espíritu infinito, abre el camino de la abundancia para ________. Ella es un imán irresistible que atrae todo lo que le pertenece por derecho divino". Le dije que lo repitiera constantemente. Se fue de inmediato a su casa. Un día fue a visitar a una mujer y se reencontró con una vieja amiga de la familia. A través de esta amiga recibió cientos de dólares de la manera más milagrosa. Ahora suele decirme: "Cuéntale a la gente la historia de la mujer que vino a verte con solo ocho dólares y una corazonada".

Siempre hay *suficiente en el camino de la mujer,* pero solo puede *ser manifestado* por medio de deseo, de la fe o de la palabra decretada. Jesús dijo claramente que tú debes dar *el primer paso.*

"Pidan, y se les dará, busquen, y encontrarán, llamen, y se les abrirá". (Mateo 7:7)

En las escrituras leemos: "Y dejarán a mi cuidado la obra de mis manos". La Inteligencia Infinita, Dios, siempre está listo para llevar a cabo las peticiones más insignificantes o más grandes que le hagamos.

Todo deseo, dicho o no expresado, es una petición. Por lo general, nos sorprendemos cuando de repente se nos cumple un deseo.

Por ejemplo: Una Semana Santa vi muchos arreglos de rosas hermosos en los escaparates de las florerías y deseé recibir uno; durante un instante vi que me llevaban uno a la puerta de mi casa. Después, el día de Pascua también llegó un hermoso arreglo de rosas. Al día siguiente se lo agradecí a mi amiga y le dije que era justo lo que quería.

Me contestó: "¡No te mandé un arreglo de rosas, te mandé lirios!". El florista confundió los pedidos y me envió un arreglo de rosas porque puse en acción la ley y *tenía que tener un arreglo de rosas.*

Solo el temor y la duda se interponen entre la mujer y sus ideales superiores y los deseos de su corazón. Cuando la mujer es capaz de "desear sin preocupaciones", todos sus deseos se cumplen al instante. En otro capítulo explico con más detalle la razón científica de esto y cómo es que debemos borrar el miedo de nuestra mente consciente. Es el único enemigo: el miedo a la carencia, el miedo al fracaso, el miedo a la enfermedad, el miedo a la pérdida y la sensación de *inseguridad en determinado plano*. Jesús dijo: "¿Por qué tienen miedo, hombres de poca fe?" (Mateo 8:26) De manera que debemos sustituir el miedo con fe, pues no es más que fe invertida; es fe en el mal y no en el bien.

El objetivo de *El juego de la vida* es ver con claridad el bien propio y eliminar las imágenes del mal. Debemos hacerlo imprimiendo la mente subconsciente con una comprensión del bien. Una mujer muy inteligente y muy exitosa me dijo que borró de repente el miedo de su consciencia cuando leyó un letrero que colgaba en una habitación. Impreso con letras grandes vio la siguiente afirmación: "¿Por qué preocuparse? Es probable que nunca suceda". Esas palabras se imprimieron para siempre en su mente subconsciente y ahora tiene la firme convicción de que solo lo bueno llega a su vida, por tanto, *solo se manifiesta lo bueno*.

En el siguiente capítulo explico los diferentes métodos para imprimir en la mente subconsciente. Es nuestro fiel sirviente, pero debemos tener cuidado de darle las órdenes adecuadas. La mujer tiene a un escucha silencioso a su lado: su mente subconsciente.

Todo pensamiento, toda palabra se imprime en ella y se lleva a cabo hasta en el más mínimo detalle. Es como un cantante cuando graba una canción. Se registran todas las notas y todos los tonos de su voz. También se registra si tose o duda. Entonces, terminemos con todas las malas grabaciones de nuestra mente subconsciente, las de nuestra vida que no queremos conservar, y sustituyámoslas con unas nuevas y hermosas.

Decreta las palabras en voz alta, con poder y convicción: "En este momento borro y elimino (por medio de mi palabra decretada) cualquier grabación falsa que haya en mi mente subconsciente. Regresan al basurero de la inexistencia del que provienen, pues surgieron de mis vanas imaginaciones. Ahora hago grabaciones perfectas a través de Cristo en mi interior; grabaciones de *salud, riqueza, amor y autoexpresión perfecta*". Esta es la armonía de la vida, *el juego completado.*

En los capítulos siguientes te enseño cómo puedes cambiar tu condición al cambiar tus palabras. La mujer que no conoce el poder de la palabra está atrasada.

Muerte y vida están en poder de la lengua.
Proverbios 18:21

La ley de la prosperidad

El Todopoderoso será su defensa
y ustedes tendrán suficiente.

Uno de los mensajes más grandiosos que se nos da a través de las escrituras es que Dios es nuestro suministro y que la mujer es capaz, por medio de la palabra decretada, de recibir todo lo que le pertenece por Derecho divino. Sin embargo, debe tener una fe tenaz en su palabra decretada.

Isaías dijo: "Mi palabra que sale de mi boca, no volverá a mí vacía sin haber realizado lo que deseo y logrado el propósito para el cual la envié". Ahora sabemos que las palabras y los pensamientos son una fuerza vibratoria extraordinaria que siempre da forma al cuerpo y a los asuntos de la mujer.

Una señora vino a verme, estaba muy desesperada porque el quince de ese mes iban a demandarla por tres mil dólares. No tenía de dónde obtener esa cantidad de dinero y estaba angustiada. Le dije que Dios es su proveedor y que *siempre hay una provisión para cada necesidad.*

De manera que ¡decreté la palabra! Agradecí que la mujer recibiera tres mil dólares en el momento adecuado de la manera justa. Le dije que debía tener una gran certeza y *actuar* con esa gran certeza. Llegó el día quince pero el dinero no se había materializado todavía. Me llamó por teléfono para preguntarme qué debía hacer. Le dije: "Hoy es sábado, no creo que te demanden hoy. Tu parte es actuar como rica y, por lo tanto, muestra la certeza de que lo recibirás para el lunes". Me pidió que comiera con ella para darle valor. Cuando nos reunimos en el restaurante, le dije: "No es momento para economizar. Pide un platillo caro y pórtate como si ya hubieras recibido los tres mil dólares".

"Y todo lo que pidan en oración, *creyendo,* lo recibirán... Deben actuar como si *ya hubieran recibido*". Al día siguiente, me llamó en la mañana y me pidió que me quedara con ella durante el día. Le contesté: "No, estás protegida de manera divina y Dios nunca se retrasa".

En la tarde, me llamó otra vez, estaba muy emocionada, y dijo: "Querida, ¡fue un milagro! Hoy en la mañana estaba en mi cuarto cuando sonó el timbre. Le dije a la sirvienta que no le abriera a nadie. Pero ella se asomó por la ventana y me dijo, 'Era su primo, el de la barba blanca y larga'.

"Entonces le dije: 'Ve por él, dile que regrese, me gustaría verlo'. Él estaba dando la vuelta a la esquina cuando oyó que lo llamaba la sirvienta y regresó. Hablamos por una hora y cuando estaba a punto de irse, me dijo: 'Ah, por cierto, ¿cómo van las finanzas?'.

"Le dije que necesitaba el dinero y me contestó: 'Muy bien, querida, te daré esos tres mil a principios del mes que viene'.

"No quise decirle nada sobre la demanda. ¿Qué podía hacer? Iba a tener el dinero hasta el primero del mes que entra y yo lo necesitaba para el día siguiente. Dije: 'Seguiré tratando' ".

Dije: "A Dios nunca se le hace tarde. Doy gracias porque ella ha recibido el dinero en el plano invisible y se manifiesta a tiempo". Al día siguiente, su primo le llamó en la mañana y le dijo: "Vente a mi oficina, voy a darte el dinero". A media mañana tenía tres mil dólares en su cuenta de cheques e hizo los cheques tan rápido como su emoción se lo permitió. Si pides tener éxito y te preparas para el fracaso, obtendrás la situación para la que te preparaste.

Por ejemplo: Una señora me pidió que decretara la palabra para eliminar una deuda que había contraído. Me enteré de que esta mujer solía planear lo que le diría a la persona cuando no le pagara la deuda, de esa manera neutralizaría mis palabras. Se había visto a sí misma pagando la deuda.

En la Biblia existe una maravillosa ilustración sobre esto; se refiere a los tres reyes que estaban en el desierto y no tenían agua para sus hombres ni para sus caballos. Consultaron al profeta Eliseo, quien les dio este increíble mensaje:

"Pues así dice el Señor: no verán viento ni verán lluvias, sin embargo, este valle se llenará de agua".

La mujer debe prepararse para recibir lo que ha pedido, *incluso cuando no exista el menor indicio evidente de ello.*

Por ejemplo: Una mujer necesitaba encontrar un departamento en la época en que había escasez de departamentos en Nueva York. Se consideraba algo casi imposible. Sus amigos sentían lástima por ella y le dijeron: "No está tan mal, puedes guardar tus muebles en una bodega y vivir en un hotel". Ella les contestó: "*No hace falta que sientan lástima por mí. Soy una mujer fuerte y conseguiré un departamento*".

Decretó las palabras: "*Espíritu Infinito, abre el camino para que encuentre el departamento perfecto*". Ella sabía que existe una reserva para cada petición.

Estaba pensando en comprar cobijas nuevas cuando el "tentador", el pensamiento contrario o la mente pensante, le sugirió: "No las compres, es probable que ni siquiera consigas un departamento y no las necesites". Pero rápidamente respondió (para sí misma): "¡Voy a llenar mi valle comprando las cobijas!" Y se preparó para el departamento, actuando como si ya lo tuviera.

Encontró uno casi de milagro y se lo dieron a ella aunque había más de *doscientas solicitudes*. Las cobijas demostraron su certeza.

No hace falta decir que las zanjas que cavaron los tres reyes en el desierto se llenaron a rebosar. (Leer II Reyes.)

Entrar en el aspecto espiritual de las cosas no es fácil para la mayoría de las personas. Los pensamientos adversos de duda y miedo surgen del subconsciente. Son el "ejército de extranjeros" contra el que debemos luchar. Esto explica por qué generalmente está "más oscuro antes del amanecer".

Una manifestación importante suele estar precedida por pensamientos que nos atormentan. Al hacer una afirmación de una verdad espiritual superior, estamos retando a las viejas creencias del subconsciente y "se expone el error" para poder eliminarlo.

Haz tus afirmaciones de Verdad constantemente, llénate de gozo y da gracias porque ya lo recibiste: "Antes de que clamen, yo responderé". Esto significa que "todos los regalos buenos y perfectos" ya son tuyos y están esperando a que los reconozcas.

La mujer solo puede recibir aquello que se ve a sí misma recibiendo.

A los niños de Israel se les dijo que tendrían toda la tierra que fueran capaces de ver. Lo mismo sucede para toda mujer. Su tierra está dentro de su propia visión mental. La manifestación de cualquier gran trabajo, de todo gran logro, se ha hecho realidad al mantener esa visión y, a menudo, justo antes de que llegue el gran logro, viene el aparente fracaso y el desánimo.

Cuando llegaron a la "Tierra Prometida", los niños de Israel tenían miedo de entrar, pues decían que estaba llena de gigantes que los hacían sentir como langostas. "Vimos también allí a los gigantes y a nosotros nos pareció que éramos como langostas". Esto se da en las experiencias de casi todas las mujeres.

No obstante, aquella que conoce la ley espiritual no es perturbada por la apariencia y se regocija cuando está "incluso cautiva". Es decir, se aferra a su visión y da gracias porque el fin se ha logrado; ya ha recibido.

Jesús dio un excelente ejemplo de ello. Le dijo a sus discípulos: "¿No dicen ustedes: todavía faltan cuatro meses y después viene la siega? Pero Yo les digo: alcen sus ojos y vean los campos que ya están blancos para la siega". Su clara visión penetraba el "mundo de la materia" y él veía claramente el mundo de la cuarta dimensión, las cosas como son en realidad, perfectas y completas en la mente divina. De manera que, la mujer debe siempre aferrarse a la visión del fin de su viaje y exigir la manifestación de aquello que ya ha recibido. Puede tratarse de su salud perfecta, de su amor perfecto, de su provisión perfecta, de la expresión perfecta de sí misma, de su hogar y sus amigos perfectos.

Todas son ideas perfectas y terminadas que están registradas en la mente divina (la mente supraconsciente de la mujer) y deben darse *a través de ella*, no para ella.

Por ejemplo: Una señora me pidió un tratamiento para el éxito. Era imprescindible que, dentro de un periodo, obtuviera 50 mil dólares para su negocio. El plazo límite ya casi había concluido cuando acudió a mí con desesperación. Nadie quería invertir en su negocio y el banco le había negado un préstamo. Le dije: "Supongo que te pusiste furiosa cuando estabas en el banco, de manera que perdiste el poder. No puedes controlar ninguna situación si no te controlas primero a ti misma".

"Regresa al banco", y añadí: "y yo tomaré medidas". Mis medidas fueron: "Estás identificada en amor con el espíritu de todos los que están relacionados con el banco. Deja que la idea divina salga de esta situación".

Contestó: "Oye, estás hablando de un imposible. Mañana es sábado y el banco cierra a las doce, me voy en el tren que llega a las diez y el plazo termina mañana. Además, tampoco van a hacerlo. Es demasiado tarde".

Le contesté: "A Dios no le hace falta el tiempo y nunca es tarde para él. Con Dios todo es posible".

Y añadí: "No sé nada sobre los negocios, pero sí sé acerca de Dios". Contestó: "Todo suena muy lindo cuando estoy aquí sentada contigo, pero cuando estoy allá afuera es horrible".

Vivía en una ciudad lejana y no supe nada de ella durante una semana. Y entonces recibí una carta que decía: "Tenías razón. Conseguí el dinero y nunca jamás volveré a dudar de todo lo que me has dicho".

La vi unas semanas después y le pregunté: "¿Qué pasó? Es obvio que tienes mucho tiempo ahora". Me contestó: "El tren llegó tarde y llegué justo quince minutos antes de las doce. Me fui caminando tranquilamente hacia el banco y cuando llegué, les dije: 'Vengo por el préstamo' y me lo dieron sin preguntarme nada".

Fueron los últimos quince minutos del tiempo que le asignaron y el espíritu infinito no llegó tarde. En este caso, esta mujer no podría haberlo logrado sola. Necesitaba a alguien que le ayudara a aferrarse a la visión. Esto es lo que una mujer puede hacer por otra.

Jesús sabía esta verdad cuando dijo: "Si dos de ustedes se ponen de acuerdo sobre cualquier cosa que pidan aquí en la Tierra, les será hecho por mi padre, que está en los cielos". Nos involucramos demasiado en nuestros propios asuntos y nos llenamos de dudas y miedo.

El amigo o "sanador" ve con claridad el éxito, la salud o la prosperidad y nunca duda, puesto que no está inmerso en la situación. Es mucho más fácil demostrarlo para los demás que para uno mismo, de manera que no debemos dejar de pedir ayuda si sentimos que estamos titubeando.

Un testigo de la vida dijo una vez: "Ninguna mujer puede fallar si otra persona la ve teniendo éxito".

Tal es el poder de la visión y muchas mujeres grandiosas deben su éxito a su pareja, a su hermana, a su maestro o a una amiga que creyó en ellas ¡y se aferró, sin dudar, al patrón perfecto!

El poder de la palabra

Porque por tus palabras serás justificado,
y por tus palabras serás condenado.

Quien conoce el poder de la palabra se vuelve muy cuidadosa con su conversación. Solo tiene que observar la reacción de sus palabras para saber que "no vuelven vacías". Por medio de la palabra dicha, la mujer está constantemente creando leyes para sí misma.

Conozco a una mujer que decía: "Siempre pierdo los taxis. Invariablemente se van en cuanto llego". Su hija decía: "Yo siempre los alcanzo. Siempre viene uno en cuanto hago la parada". Y eso sucedió durante años. Cada una estableció una ley para sí misma; una de fracaso, la otra de éxito. Esta es la psicología de las supersticiones.

La herradura o la pata de conejo no tienen poder, pero la palabra decretada de una mujer y la certeza de que le trae buena suerte crea una expectativa en la mente subconsciente y atrae situaciones afortunadas. Sin embargo, considero que esto no "funciona" en el caso de una mujer que ha avanzado espiritualmente y sabe que existe una ley superior. No podemos retroceder y debemos deshacernos de los "ídolos".

Por ejemplo: A dos mujeres de mi clase les fue muy bien en su negocio durante varios meses, hasta que, de repente, todo empezó a salir mal. Tratamos de analizar la situación, y descubrí que, en lugar de hacer sus decretos y recurrir a Dios para tener éxito y prosperidad, se habían comprado sendos "amuletos de la suerte". Les dije: "Ya entiendo, han estado confiando en los amuletos de la suerte en lugar de confiar en Dios. Deshánganse de esos amuletos y recurran a la ley del perdón", pues la mujer tiene el poder de perdonar o neutralizar sus errores.

Decidieron tirar los amuletos por una coladera y todo volvió a estar bien. Aunque esto no significa que debamos deshacernos de todos los objetos "de la suerte" o de las herraduras que tengamos en la casa, pero sí debemos reconocer que el poder que está detrás de ellos es el único y verdadero poder:

Dios; y que el objeto solo nos da una sensación de expectativa.

Un día estaba con una amiga que estaba desesperada. Cuando cruzamos la calle se encontró una herradura. De pronto se sintió llena de gozo y esperanza. Dijo que Dios le había enviado la herradura para que no perdiera la fe.

De hecho, en ese momento fue lo único que pudo registrarse en su mente consciente. Su esperanza se volvió fe y al final hizo una demostración maravillosa. Quiero aclarar que las mujeres que mencioné antes dependían solo de los amuletos, mientras que esta mujer reconoció el poder que había detrás de la herradura.

Sé, por experiencia propia, que se requiere mucho tiempo para deshacernos de la creencia de que cierto objeto fue el que ocasionó decepción. Si sucedió lo que deseábamos, invariablemente sentimos decepción después.

Descubrí que, la única manera de lograr un cambio en el subconsciente es reafirmando: "No existen dos poderes, solo existe un poder: Dios; por lo tanto no hay decepciones, lo cual significa una sorpresa de gozo". Noté un cambio de inmediato y comencé a experimentar sorpresas agradables.

Tengo una amiga que decía que por nada del mundo pasaría por debajo de una escalera. Le dije: "Al tener miedo estás rindiéndote a la creencia de dos poderes, el bien y el mal, en lugar de solo uno. Puesto que Dios es absoluto, no puede haber un poder opuesto, a menos que la mujer cree para sí misma el falso poder del mal. Para enseñarte a creer únicamente en el poder único, Dios, y que no hay poder ni realidad en el mal, la siguiente vez que veas una escalera, pasa por debajo de ella".

Poco después fue al banco. Tenía una caja de seguridad en la bóveda y necesitaba abrirla, pero había una escalera en el camino. Era imposible llegar a su caja sin pasar por debajo de la escalera. Se acobardó y le dio la espalda. No era capaz de enfrentar al león que se interponía en su camino. Pero, cuando salió a la calle, mis palabras resonaron en su mente y decidió regresar y pasar por debajo. Fue un gran momento para ella, pues toda su vida había sentido miedo de las escaleras. Caminó de regreso hacia la bóveda, ¡y la escalera ya no estaba! ¡Esto pasa muy a menudo! Cuando estamos dispuestos a hacer algo que nos da miedo, al final no tenemos que hacerlo.

Es la ley de la no resistencia, de la que se entiende muy poco.

Alguien dijo que el valor contiene genio y magia. Enfréntate sin miedo a una situación y no habrá situación qué enfrentar; cae por su propio peso.

La explicación es que el miedo atrajo la escalera en el camino de la mujer y el valor la quitó.

De esta manera, las fuerzas invisibles siempre trabajan para la mujer que siempre "*mueve los hilos*", aunque no lo sepa. Debido al poder de vibración de las palabras, la mujer comienza a atraer todo lo que expresa. La gente que constantemente habla de enfermedad, invariablemente la atrae.

Después de que la mujer conoce la verdad, nunca es demasiado cuidadosa con sus palabras. Por ejemplo: Tengo una amiga que suele decir por teléfono: "Ven a verme y vamos a platicar como antes". Este "platicar como antes" implica hablar durante una hora utilizando entre 500 y 1000 palabras destructivas y teniendo como temas principales pérdida, carencia y enfermedad.

Yo le contesto: "No, gracias. Ya tuve suficientes pláticas como antes y salen demasiado caras. Pero me encantaría 'platicar como ahora' y hablar de lo que queremos, no de lo que no queremos". Hay un dicho que dice que la mujer solo se atreve a usar sus palabras con tres objetivos: para "sanar, bendecir o prosperar". Lo que una mujer dice de otros será dicho sobre ella misma y, lo que desea para los demás está deseándolo para sí.

"Quien siembra vientos recoge tempestades".

Si una mujer desea que alguien tenga "mala suerte", seguramente atraerá mala suerte para ella misma. Si desea ayudar a alguien a que tenga un logro, está ayudándose y deseando un logro para sí misma.

A través de la palabra decretada y la visión clara, el cuerpo puede ser renovado y transformado, y las enfermedades completamente eliminadas de la mente consciente. Los metafísicos saben que todas las enfermedades tienen una correspondencia mental y, para poder sanar el cuerpo, primero debemos "sanar el alma".

El alma es la mente subconsciente y debemos "salvarla" de los pensamientos equivocados.

En el Salmo 23 leemos: "Él restaura mi alma". Esto significa que la mente subconsciente o el alma debe ser restaurada con las ideas adecuadas y el "matrimonio místico" es el matrimonio del alma y del espíritu, o de las mentes subconsciente y supraconsciente. Deben ser una sola. Cuando la mente subconsciente es inundada con las ideas perfectas del supraconsciente, Dios y la mujer son uno: "Yo y mi Padre somos uno". Esto es, ella es uno con el reino de las ideas perfectas; es una mujer creada a imagen y semejanza (imaginación) de Dios, y se le ha otorgado poder y dominio sobre todas las cosas creadas, sobre su mente, su cuerpo y sus asuntos.

Podemos decir que todas las enfermedades y la infelicidad provienen de la violación de la ley del amor. Te doy un nuevo mandamiento: "Ámense unos a otros"; y en *El juego de la vida*, el amor o la buena voluntad las ganan todas.

Por ejemplo: Una mujer tuvo durante años una terrible enfermedad de la piel. Los doctores le dijeron que era incurable y ella estaba desesperada. Era actriz y le daba miedo tener que renunciar a su profesión, pues no tenía otro medio para sobrevivir. Sin embargo, consiguió un buen papel y, la noche del estreno fue un gran éxito. Los comentarios de la crítica fueron excelentes y se sentía feliz y eufórica. Al día siguiente, le informaron que estaba despedida. Una mujer del elenco estaba celosa de su éxito y había causado que la corrieran. Sintió que el odio y el resentimiento se apoderaban de ella, y suplicó: "Dios mío, no dejes que odie a esa mujer". Esa noche trabajó durante horas "en silencio".

Dijo: "Pronto caí en un silencio profundo. Me pareció que estaba en paz conmigo misma, con ella y con todo el mundo. Seguí haciéndolo durante las dos noches siguientes y, al tercer día, ¡descubrí que estaba totalmente sana!". Al pedir amor o buena voluntad, cumplió con la ley ("pues el amor es cumplir la ley") y la enfermedad (que provenía del resentimiento en el subconsciente) desapareció.

La crítica continua provoca reumatismo, pues los pensamientos inarmónicos de crítica ocasionan depósitos que no son naturales en la sangre y se depositan en las articulaciones.

Los crecimientos falsos como el cáncer, los tumores y los quistes son provocados por celos, odio, resentimiento, miedo, etcétera. Toda enfermedad es causada por una mente que no está en paz. Una vez dije en clase: "No tiene caso seguir preguntándole a nadie '¿cuál es tu problema?'; más bien, deberíamos preguntar '*¿quién* es tu problema?' ". El resentimiento es la causa más prolífica de enfermedades. Endurece las arterias o al hígado y afecta la vista. En su séquito hay un sinfín de enfermedades.

Un día, una mujer dijo que estaba enferma porque había comido un ostión echado a perder. Le contesté: "Claro que no, el ostión estaba bien, tú fuiste la que lo echó a perder. ¿Cuál es tu problema?" Y me respondió: "Nada más como diecinueve personas". Había discutido con diecinueve personas y quedó tan falta de armonía que atrajo al ostión equivocado.

Toda falta de armonía en el afuera indica una falta de armonía mental. "Como es adentro, es afuera".

Los únicos enemigos de la mujer están en su interior. "Y los enemigos de la mujer serán los de su misma casa". La personalidad es uno de los últimos enemigos a vencer, pues este planeta está haciendo su iniciación en el amor. Fue el mensaje de Cristo: "Paz en la tierra, buena voluntad para con las mujeres". Por lo tanto, la mujer iluminada se empeña en mejorar ante sus semejantes. Su labor es con ella misma, para enviar buena voluntad y bendiciones a todos los demás, y lo maravilloso de esto es que, si bendecimos a nuestro supuesto enemigo, la otra persona no tiene el poder de hacernos daño.

Por ejemplo: Una mujer vino a pedirme un tratamiento para tener éxito en los negocios. Ella vendía maquinaria y apareció una competidora quien aseguraba que sus máquinas eran mejores. Mi amiga temió fracasar. Le dije: "Primero que nada debemos eliminar todo el miedo y saber que Dios protege tus intereses, y que la idea divina debe reinar en esta situación. Es decir, la maquinaria ideal debe ser vendida por la mujer adecuada al cliente adecuado". Y añadí: "No tengas ni un pensamiento de crítica hacia esa mujer. Bendícela todos los días y está dispuesta a no vender tus máquinas si no es la idea divina". De manera que se fue a la junta con el cliente, sin miedo y sin resistencia, y bendiciendo a la otra mujer. Me contó que el resultado fue extraordinario. La máquina de la competencia no funcionó y ella vendió la suya sin problemas. "Pero yo les digo: amen a sus enemigos y oren por los que los persiguen, hagan el bien a quienes los odian, y oren por quienes abusan de ustedes y los persiguen".

La buena voluntad produce una enorme aura de protección para quien la envía y "ningún arma forjada contra la mujer prosperará". En otras palabras, el amor y la buena voluntad destruyen en nuestro ser a los enemigos, por lo tanto, ¡no tenemos enemigos en el exterior!

¡Hay paz en la Tierra para la mujer que envía buena voluntad a todos!

La ley de la no resistencia

No resistas al mal. No venzas al mal,
sino vence al mal con el bien.

Nada en esta vida puede resistir a una persona que no se resiste. Los chinos dicen que el agua es el elemento más poderoso porque es absolutamente no resistente. Puede desgastar una roca y barre con todo lo que está a su alrededor.

Jesús dijo: "No resistan al que es malo", pues él sabía que en realidad no existe el mal, por lo tanto, no hay nada qué resistir. El mal proviene de la "imaginación vana" o la creencia en dos poderes: el bien y el mal.

Hay una antigua leyenda en la que Adán y Eva comen del "Maya, el Árbol de la Ilusión", y ven dos poderes en lugar de solo el de Dios.

Por lo tanto, el mal es una ley falsa que la gente creó para sí misma a través del sueño del alma. El sueño del alma significa que el alma de la sociedad ha sido hipnotizada por la creencia en el pecado, la enfermedad, la muerte, etc., que son pensamientos carnales o mortales, y sus asuntos han proyectado sus ilusiones al exterior.

En un capítulo anterior leímos que el alma de la sociedad es su mente subconsciente, y todo lo que se siente profundamente, ya sea bueno o malo, es reflejado en el exterior por ese fiel sirviente. El cuerpo de la mujer y sus asuntos muestran lo que ha estado imaginando. La mujer enferma ha imaginado enfermedad; la mujer pobre, pobreza; la mujer rica, riqueza.

La gente suele preguntar: "¿Por qué un niño pequeño atrae una enfermedad cuando es muy joven como para saber qué significa?". Le contesto que ellos son sensibles y receptivos a los pensamientos que los demás tienen sobre ellos y, por lo general, proyectan en el exterior los temores de sus padres.

Escuché a un metafísico que decía: "Si tú no eres el que dirige a tu mente subconsciente, alguien más la dirigirá en tu lugar". De manera inconsciente, los padres suelen atraer enfermedades y desastres a sus hijos por tener continuamente pensamientos de miedo y por siempre estar pendientes de la aparición de algún síntoma.

Por ejemplo: Una amiga le preguntó a una señora si su hijita había tenido rubeola. La mujer contestó rápidamente: "todavía no". Esto implica que estaba esperando la enfermedad y, por ello, estaba preparando el camino para lo que no quería para ella o su hija.

Sin embargo, a la mujer que está centrada y establecida en el pensamiento adecuado, a aquella que envía solo buenos deseos a los demás y que no tiene miedo, *los pensamientos negativos de los demás no pueden tocarla ni influir en ella*. Es más, solo puede recibir buenos pensamientos pues ella únicamente envía buenos pensamientos. La resistencia es el infierno porque coloca a la gente en un "estado de sufrimiento".

Un metafísico me dio una excelente receta para aprovechar todos los trucos de *El juego de la vida*; es el pináculo de la no resistencia. Lo dijo de la siguiente manera: "Hubo una época en mi vida en que bautizaba niños y, claro, les ponía muchos nombres. Ahora ya no bautizo niños, sino que bautizo eventos y *a cada evento le pongo el mismo nombre*. Si tengo un fracaso, lo bautizo como "Éxito", en el nombre del Padre, del Hijo y del Espíritu Santo".

Aquí vemos la gran ley de la trasmutación basada en la no resistencia. Por medio de su palabra decretada convierte cada fracaso en éxito.

Por ejemplo: Una mujer que necesitaba dinero, y que conocía la ley espiritual de la opulencia, continuamente era arrastrada en una relación de negocio que la hacía sentir pobre. Su socio hablaba sobre carencia y limitación, y ella empezó a enredarse en esos pensamientos de pobreza, así que sintió aversión por esta persona y lo culpaba por sus fracasos. Ella sabía que, para demostrar su provisión, primero debía sentir que *ya había recibido; un sentimiento de opulencia debe preceder a su manifestación*.

Se dio cuenta de que estaba resistiéndose a la situación y que veía dos poderes en lugar de uno. Así que bendijo a esa persona y bautizó a la situación como "¡Éxito!". Afirmó: "Puesto que solo existe un poder, Dios, esta persona está aquí por mi bien y mi prosperidad"(justo lo contrario de lo que parecía). Poco tiempo después, *a través del socio*, conoció a una mujer que le pagó varios miles de dólares por un servicio prestado. Su antiguo socio se fue a vivir a otra ciudad y se alejó armoniosamente de su vida.

Haz la siguiente afirmación: "Todas las personas son un eslabón de oro de la cadena de mi bienestar, puesto que toda la gente es Dios en manifestación, *en espera de las oportunidades dadas por los demás para servir al plan divino de su vida*".

"Bendice a tus enemigos y les quitas sus armas". Sus flechas serán convertidas en bendiciones. Esta ley abarca tanto a países como a personas. Bendice a una nación, envía amor y buenos pensamientos a sus habitantes y le será arrancado su poder para hacer daño.

Solo a través de la comprensión espiritual es que la mujer puede entender la idea de la no resistencia. Mis alumnos suelen decir: "No quiero ponerme de tapete". Y les contesto: "Cuando usas la no resistencia con sabiduría, nadie jamás podrá pasar sobre ti".

Otro ejemplo: Un día estaba impaciente esperando una llamada de teléfono muy importante. No contestaba cuando sonaba el teléfono y no hice ninguna llamada, pensé que podría interferir con la que estaba esperando.

En lugar de decir: "Las ideas divinas nunca están en conflicto, la llamada entrará en el momento adecuado", y así dejar que la inteligencia infinita lo organizara, empecé a manejar las cosas por mí misma; hice mía la batalla, no dejé que fuera de Dios, y seguí tensa y nerviosa. El teléfono no sonó durante una hora, lo revisé y descubrí que la línea estaba muerta. Mi ansiedad, mi miedo y mi creencia en la interferencia habían obstaculizado mi teléfono. Al darme cuenta de lo que había hecho, empecé a bendecir la situación de inmediato; la bauticé como "Éxito" y afirmé: "Recibo todas las llamadas que son para mí por derecho divino, estoy *bajo la gracia y no bajo la ley*".

Un vecino llamó a la compañía de teléfonos y les pidió que me arreglaran la línea. La señal se restableció de inmediato y dos minutos después recibí una llamada importante, y como una hora más tarde recibí la que había estado esperando.

Los barcos llegan cuando el mar está en calma.

Mientras la mujer se resista a una situación, esta permanecerá junto a ella. Si huye de la situación, la perseguirá.

Por ejemplo: Le conté lo anterior a una amiga y me contestó: "¡Es muy cierto! Yo no me sentía contenta en mi casa, no me gustaba estar con mi madre porque era crítica y dominante, así que me salí de la casa y me casé, pero me casé con mi madre, porque mi esposo era como ella y volví a enfrentarme a esa misma situación".

"Ponte de acuerdo pronto con tu adversario".

Esto significa que debo aceptar que la situación adversa es buena; no dejes que te intranquilice y caerá por su propio peso. "Nada de esto me perturba" es una afirmación maravillosa.

Una situación inarmónica proviene de la inarmonía dentro de la mujer. Cuando en ella no hay respuesta emocional a una situación inarmónica, entonces esta se desvanece para siempre de su camino.

Algunas personas me han dicho: "Dame algún tratamiento para cambiar a mi esposo o a mis amigos". Y les contesto: "No, voy a darte un remedio para que cambies tú; cuando tú cambies, tu cónyuge o tus amigos van a cambiar".

Una de mis alumnas tenía la costumbre de mentir. Le dije que era un método equivocado y que si mentía, le iban a mentir. Me contestó: "No importa, no puedo arreglármelas sin mentir".

Un día estaba hablando por teléfono con un hombre del que estaba muy enamorada. Volteó a decirme: "No confío en él, sé que no está diciéndome la verdad". Le contesté: "Oye, tú dices mentiras, así que alguien tiene que mentirte, y puedes estar segura de que será la persona de quien quieres escuchar la verdad". Volví a verla al poco tiempo y me dijo: "Ya no digo mentiras".

Le pregunté: "¿Por qué?". Y me dijo: "He estado viviendo con alguien que miente más que yo".

Por lo general, nos deshacemos de nuestros errores al verlos en los demás. La vida es un espejo y nos vemos reflejados en la gente con la que convivimos.

Vivir en el pasado es un método equivocado y una violación de la ley espiritual.

Jesús dijo: "Ahora es el tiempo propicio. Ahora es el día de salvación".

La mujer de Lot miró hacia atrás y se volvió estatua de sal.

Los ladrones del tiempo son el pasado y el futuro. Si el pasado de una mujer la tiene atada, debe bendecirlo y olvidarse de él. Debe bendecir el futuro sabiendo que guarda para ella un gozo infinito, y debe vivir *completamente en el ahora*.

Por ejemplo: Una mujer vino a verme, se quejaba de que no tenía dinero para comprar los regalos de Navidad. Me dijo: "El año pasado no fue así; tenía mucho dinero y compré unos regalos hermosos, pero este año no junto ni diez centavos".

Le contesté: "No podrás manifestar dinero mientras sigas causando lástima y viviendo en el pasado. Vive plenamente el *ahora* y *prepárate para dar regalos de Navidad*. Cava tu zanja y el dinero vendrá solo". Me respondió: "¡Ya sé qué voy a hacer! Voy a comprar listones de colores, etiquetas y papel para envolver". Le dije: "Hazlo y *los regalos llegarán solos y se pegarán a las etiquetas*".

Por ejemplo, lo siguiente ha llevado éxito a mucha gente: "Tengo un trabajo excelente, de manera maravillosa, ¡doy un servicio excelente y recibo un pago maravilloso!"

A una de mis alumnas le di las dos primeras frases y ella añadió las dos siguientes.

Y la convirtió en una frase muy poderosa, pues siempre debe haber un pago perfecto por un servicio perfecto y las frases sencillas se quedan con facilidad en el subconsciente. Empezó a cantarla en voz alta y al poco tiempo obtuvo un trabajo excelente de manera maravillosa, y daba un servicio excelente por un pago maravilloso.

Otra alumna, una mujer de negocios, adoptó la frase y cambió "trabajo" por "negocio". Ella repetía: "Tengo un negocio excelente de manera maravillosa, doy un excelente servicio y recibo un pago maravilloso". Ese mediodía cerró un trato de 41 000 dólares a pesar de que no había habido actividad en su ramo durante años.

Todas las afirmaciones deben construirse con cuidado para "cubrir todos los flancos".

Por ejemplo: Conocí a una mujer que tenía mucha necesidad y pidió tener mucho trabajo. Recibió mucho trabajo pero no le pagaban nada. Ahora no se olvida de añadir "excelente servicio y pago maravilloso".

"¡Su vida debe ser plena y su copa debe desbordarse!" Esa es la idea de Dios para todas las personas, y cuando la gente se deshaga de las barreras de la carencia en su mente consciente, la era dorada será suya y todo deseo justo de su corazón será satisfecho.

El derecho divino de la mujer es tener mucho. ¡Más que suficiente!

La ley del karma y la ley del perdón

Lo que sea que la mujer siembre,
eso mismo cosechará.

La mujer recibe solo lo que da. *El juego de la vida* es un juego de ir y venir. Los pensamientos de la mujer, sus hechos y sus palabras tarde o temprano regresan a ella con una precisión sorprendente. Es la ley del karma, que en sánscrito significa *regreso*.

Por ejemplo: Una amiga me contó una historia que ilustra esta ley. Me dijo: "Yo pago todo el karma con mi tía. Todo lo que le digo, alguien más me lo dice después. En la casa suelo estar irritable. Un día, mi tía estaba hablando mientras cenábamos, y le dije: 'Ya basta de pláticas, quiero comer en paz'.

"Al día siguiente estaba comiendo con alguien a quien quería impresionar. Yo platicaba animadamente y de repente me dijo: 'Ya basta de pláticas, quiero comer en paz' ".

Mi amiga tiene la conciencia elevada, de manera que su karma regresa con mayor rapidez que a cualquiera en el plano mental.

Mientras más sabe la mujer, más responsabilidades tiene y, una persona que conoce la ley espiritual, pero no la practica, sufre mucho en consecuencia. "El principio de la sabiduría es el temor del Señor (ley)". Si leemos la palabra Señor como *ley*, muchos pasajes de la Biblia se vuelven más claros.

"Mía es la venganza, Yo pagaré, dice el Señor (ley)". Es la ley la que toma venganza, no Dios. Dios ve perfecta a la mujer: "a imagen (imaginación) de Dios la creó", y le dio "poder y dominio".

Esta es la idea perfecta de la mujer, registrada en la mente divina, en espera de que la reconozca; puesto que la mujer solo puede ser lo que ella misma ve que es y únicamente puede obtener lo que ella misma se ve obteniendo.

"Nunca pasa nada sin que nadie lo vea", dice un viejo dicho.

La mujer ve primero su fracaso o su éxito, su alegría o su dolor en las escenas que crea en su propia imaginación antes de que se vuelvan evidentes. Pudimos notarlo en el caso de la mujer que se imaginó la enfermedad de su hija o en el de la mujer que se imaginó el éxito de su esposo.

Jesús dijo: "Y conocerán la verdad, y la verdad los hará libres".

Entonces, vemos que la libertad (de las condiciones tristes) se da a través del conocimiento: el conocimiento de la ley espiritual.

La obediencia antecede a la autoridad y la ley obedece a la mujer cuando esta obedece la ley. Debemos obedecer la ley de la electricidad antes de que se nos sirva. Cuando la manejamos de manera ignorante se convierte en un enemigo mortal. *¡Lo mismo pasa con las leyes de la mente!*

Por ejemplo: Una mujer, cuya voluntad era muy fuerte, deseaba tener la casa de alguien a quien conocía, así que solía hacer imágenes mentales de ella viviendo en esa casa. Con el paso del tiempo, el dueño murió y ella se mudó ahí. Muchos años después, y al conocer la ley espiritual, un día me dijo: "¿Crees que haya tenido algo que ver con su muerte?". Le contesté: "Sí, tu deseo era tan intenso que se abrió paso, pero pagaste tu deuda kármica. Tu esposo, a quien amabas con devoción, murió poco tiempo después y la casa fue para ti como un elefante blanco".

Sin embargo, el dueño original no hubiera sido afectado por sus pensamientos, ni tampoco su esposo, si ella se hubiera mantenido positiva en la verdad, pero ambos estaban bajo la ley kármica. La mujer debió haber dicho (sintiendo un gran deseo por la casa): "Inteligencia infinita, dame la casa adecuada, tan hermosa como esta, la casa *que me pertenece por derecho divino".*

La selección divina habría ocasionado la satisfacción perfecta en beneficio de todos. El patrón divino es el único patrón en el que podemos funcionar a salvo.

El deseo es una fuerza enorme y debe ser encauzada en los canales adecuados; de otra manera, el resultado es un caos.

Para demostrarlo, el paso más importante es *el primer paso: "pedir correctamente".*

La mujer solo debe exigir lo que le pertenece por *derecho divino.*

Regresando al ejemplo: Si la actitud de la mujer hubiera sido: "Si esta casa, la que deseo, es mía, no la perderé; si no lo es, dame un equivalente", quizá el dueño hubiera decidido mudarse en armonía (si esa hubiera sido la selección divina para ella), o alguna otra casa la habría sustituido. Cualquier cosa que forcemos para que se manifieste por medio de la voluntad personal, siempre resulta "mal conseguido" y es un "mal logro".

La mujer está advertida: "Se hará mi voluntad, no la tuya", y lo curioso es que la mujer siempre obtiene lo que desea cuando, en efecto, renuncia a la voluntad personal y, por ende, permite que la inteligencia divina obre a través de ella.

"Tomen sus puestos y estén quietos, y vean la salvación del Señor (ley) con ustedes".

Por ejemplo: Una mujer muy afligida acudió a mí. Su hija había decidido hacer un viaje muy peligroso y la madre tenía mucho miedo. Dijo que había usado todos los argumentos, le había señalado todos los peligros que podía encontrar y le había prohibido ir, pero la hija se mostraba cada vez más rebelde y decidida. Le dije a la madre: "Estás forzando tu voluntad sobre tu hija y no tienes derecho a hacerlo, además, tu miedo al viaje solo está atrayéndolo, puesto que la mujer atrae aquello a lo que le teme". Y añadí: "Suéltala y quita tus manos mentales de la situación; ponla en las manos de Dios y usa esta afirmación: Pongo esta situación en manos del amor y la sabiduría infinitos; si este viaje es parte del plan divino, lo bendigo y dejaré de resistirme, pero si no está planeado de manera divina, doy gracias porque ahora es disuelto".

Uno o dos días después, la hija le dijo: "Mami, ya no voy a ir al viaje", y la situación volvió a su "inexistencia inherente". Lo que parece ser difícil para la mujer es aprender a "quedarse quieta". En el capítulo de la no resistencia profundizo más sobre esta ley.

Daré otro ejemplo de sembrar y cosechar que se dio de manera curiosa.

Vino a verme una mujer que tenía un billete falso de 20 dólares que le dieron en el banco. Estaba muy molesta y dijo: "Los del banco no van a reconocer que se equivocaron".

Le contesté: "Mejor vamos a analizar la situación para descubrir por qué lo atrajiste". Reflexionó un momento y dijo: "Ya lo sé, le mandé dinero de utilería a una amiga, solo por hacerle una broma". Entonces, la ley también le envió dinero de utilería, puesto que no entiende de bromas. Le dije: "Ahora vamos a apelar a la ley del perdón y a neutralizar la situación".

El cristianismo está basado en la ley del perdón; Jesús nos liberó de la maldición de la ley kármica y el Cristo dentro de cada mujer es su salvador de todas las condiciones inarmónicas.

Entonces dije: "Espíritu infinito, solicitamos la ley del perdón y damos gracias de que ella está bajo la gracia y bajo la ley, y no puede perder estos 20 dólares que son suyos por derecho divino".

"Ahora", le dije: "Regresa al banco y diles con firmeza que ellos te lo dieron por error". Así lo hizo y, para su sorpresa, le ofrecieron una disculpa y con mucha cortesía le dieron otro billete. Conocer la ley le da a la mujer el poder para "borrar sus errores".

Si la mujer desea riqueza, primero debe ser rica en conciencia.

Por ejemplo: Una mujer me pidió un tratamiento para la prosperidad. No se interesaba gran cosa en las cuestiones domésticas y su casa era un desorden.

Le dije: "Si deseas ser rica tienes que ser ordenada. La gente que posee riqueza es ordenada; y el orden es la primera ley del cielo". Y añadí: "Nunca vas a ser rica si guardas cerillos usados junto con los alfileres".

Tenía buen sentido del humor y de inmediato comenzó a ordenar su casa. Reacomodó los muebles, ordenó los cajones del buró, limpió las alfombras y en poco tiempo tuvo una demostración financiera: un regalo de un pariente. La mujer además se ordenó a sí misma y se mantiene alerta financieramente al estar siempre atenta a *lo externo y esperando la prosperidad, sabiendo que Dios es su proveedor.*

Mucha gente ignora el hecho de que los regalos y las cosas son inversiones y que acumular y guardar invariablemente conducen a la pérdida.

"Hay quien reparte y le es añadido más, y hay quien retiene lo que es justo, solo para venir a menos".

Por ejemplo: Conozco a una mujer que quería comprar un abrigo muy caro. Fue a varias tiendas, pero no tenían lo que quería. Decía que todos se veían de mala calidad. Por fin le enseñaron uno que, según el vendedor, estaba valorado en más de 1000 dólares, pero que el encargado se lo dejaría en 500 porque ya estaba fuera de temporada.

En total tenía como 700 dólares. La mente pensante le habría dicho: "No puedes darte el lujo de gastar casi todo lo que tienes en un abrigo", pero era muy impulsiva y nunca razonaba.

Pensó durante un momento y dijo: "¡Si me compro este abrigo voy a tener montones de dinero!" así que decidió comprarlo.

Cerca de un mes después recibió una comisión de 10 000 dólares. El abrigo la hizo sentir muy rica y lo vinculó con su éxito y su prosperidad; sin el abrigo, no hubiera recibido la comisión. ¡Era una inversión que estaba dando grandes dividendos!

Si la mujer ignora estas pautas para gastar o dar, la misma cantidad de dinero se irá de manera infeliz o nada interesante.

Por ejemplo: El Día de Acción de Gracias, una mujer le dijo a su familia que no podían gastar en la cena. Sí tenía el dinero, pero decidió ahorrarlo. Unos días después, alguien entró a su habitación y tomó, del dinero que tenía en el buró, *el equivalente a lo que hubiera costado la ce*na.

El suministro para la mujer es inagotable y constante cuando confía plenamente, pero la fe o la certeza deben darse antes de la demostración. "Hágase en ustedes según su fe. La fe es la sustancia de las cosas que deseamos, la evidencia de las cosas que no se han visto", pues mantiene firme la visión y las imágenes adversas son disueltas y disipadas y "pues a su tiempo, si no nos cansamos, cosecharemos".

Jesús trajo las buenas nuevas (el Evangelio) de que existe una ley superior y que trasciende a la ley del karma. Es la ley de la gracia o del perdón. Es la ley que *libera a la mujer de la ley de causa y efecto; la ley de la consecuencia. "Bajo la gracia y no bajo la ley".*

Se nos enseñó que, en este plano, la mujer cosecha lo que siembra; los regalos de Dios simplemente son vertidos sobre ella. "Todo lo que hay en el Reino es suyo". Este constante estado de gozo espera a la mujer que ha vencido al pensamiento mortal.

En el pensamiento mortal existen tribulaciones, pero Jesús dijo: "Pero tengan ánimo, Yo he vencido al mundo".

El pensamiento mortal es el del pecado, de la enfermedad y de la muerte. Jesús vio su completa irrealidad y dijo que la enfermedad y el dolor terminan, y que la muerte misma, el último enemigo, es vencida.

Ahora sabemos, desde un punto de vista científico, que la muerte puede ser vencida si imprimimos en el subconsciente la convicción de la eterna juventud y la vida eterna. El subconsciente, al ser únicamente poder sin dirección, *lleva a cabo las órdenes sin cuestionar.*

Trabajar bajo la dirección de la mente supraconsciente (El Cristo o Dios dentro de cada uno), hace que se logre la "resurrección del cuerpo".

La mujer ya no dejará de lado su cuerpo en la muerte. Más bien será transformado en el "cuerpo eléctrico", como cantaba Walt Whitman, pues el cristianismo se basa en el perdón de los pecados y en un "sepulcro vacío".

La mujer no puede forzar el exterior para ser lo que no es.

Echando la carga
imprimiendo en el subconsciente

Una sobrecarga es un pensamiento o una condición adversos,
y dicho pensamiento o condición tiene su origen en el subconsciente.

Cuando la mujer conoce su propio poder y el funcionamiento de su propia mente, su mayor deseo es encontrar una manera rápida y fácil para imprimir lo bueno en el subconsciente, pues el mero conocimiento intelectual de la verdad no da resultados. En mi caso personal descubrí que la forma más fácil es *echar la carga*.

Un metafísico lo explicó de la siguiente manera. Dijo: "Lo único que da peso a algo en la naturaleza es la ley de la gravedad; si sacamos una roca fuera del planeta, esta no tendría peso, y a ello se refería Jesús cuando dijo: 'Porque mi yugo es fácil y mi carga ligera'".

Él venció al pensamiento mortal y funcionaba en el reino de la cuarta dimensión, donde solo existe perfección, plenitud, vida y gozo.

Él dijo: "vengan a mí todos los que están cansados y cargados, y yo los haré descansar. Tomen mi yugo sobre ustedes... Porque mi yugo es fácil y mi carga ligera".

El Salmo 55 también nos dice: "echa sobre el Señor tu carga". Muchos pasajes de la Biblia aseguran que la batalla es de Dios y que la mujer debe *permanecer quieta y ver la salvación del Señor*.

Esto nos indica que la mente supraconsciente (o el Cristo de nuestro interior) es la sección que emprende la batalla y nos libera de las cargas. Por lo tanto, vemos que la mujer viola la ley si lleva la carga. Una carga es un pensamiento o condición adversos y ese pensamiento o condición tienen su origen en el subconsciente.

Parece casi imposible lograr algún avance en cuanto a dirigir a la mente subconsciente desde la mente consciente o pensante, pues las concepciones de la mente pensante (el intelecto) son limitadas y están llenas de dudas y miedo.

¿Qué tan científico es entonces echar la carga sobre la mente supraconsciente (o el Cristo de nuestro interior), donde "se vuelve ligera" o se disuelve a su "inexistencia inherente"?

Por ejemplo: Una mujer que tenía una urgente necesidad de dinero "se volvió ligera" ante el Cristo interno, el supraconsciente, con la afirmación: "Echo esta carga de carencia al Cristo (interior) y ¡me libero para tener suficiente!".

La creencia en la carencia era su carga y, al echarla al supraconsciente con su creencia de abundancia, el resultado fue una avalancha de suministros.

Leemos: "Cristo en ustedes, la esperanza de la gloria".

Otro ejemplo: A una de mis alumnas le dieron un piano, pero en su estudio no había espacio suficiente para él si no sacaba el viejo. No sabía qué hacer. Quería conservar el piano viejo, pero no sabía adónde mandarlo. Se sentía desesperada porque iban a enviarle de inmediato el piano nuevo; es más, ya estaba en camino y no tenía dónde ponerlo. Dijo que se le ocurrió repetir: "Echo esta carga al Cristo de mi interior, y me libero".

Un momento después sonó el teléfono, era una amiga que le pedía que le rentara su viejo piano. Lo sacaron un poco antes de que llegara el nuevo.

Conozco a una mujer cuya carga era el resentimiento. Decía: "Echo esta carga de resentimiento al Cristo de mi interior, y me libero para ser amorosa, armoniosa y feliz". El Todopoderoso supraconsciente inundó su subconsciente con amor y cambió su vida entera. Durante años, el resentimiento la había mantenido en un estado de sufrimiento y tenía su alma (la mente subconsciente) atrapada.

Debemos hacer la afirmación una y otra y otra vez, a veces durante horas, en silencio o en voz alta, con tranquilidad y determinación. Suelo compararlo con darle cuerda a un viejo reloj. Debemos darnos cuerda a nosotros mismos con las palabras decretadas.

He notado que, poco después de "echar la carga", todo parece que está más claro. No podemos tener una visión clara mientras sigamos en el sufrimiento de la mente carnal. La duda y el miedo envenenan la mente y el cuerpo, y la imaginación se descontrola, atrayendo así desastres y enfermedades.

Con la repetición constante de la afirmación: "Echo esta carga al Cristo de mi interior, y me libero", la visión se aclara y con ello se da una sensación de alivio, y tarde o temprano viene *la manifestación de lo bueno, ya sea salud, felicidad o suministro.*

Una de mis alumnas me pidió que explicara lo de "oscuridad antes de amanecer". En un capítulo anterior mencioné el hecho de que, a menudo, antes de que se dé la gran demostración "parece que todo sale mal", y una profunda tristeza nubla la conciencia. Esto significa que las dudas y los miedos de toda la vida están saliendo del subconsciente. Todas estas viejas ruinas del subconsciente salen a la superficie para *ser eliminadas.*

Entonces es cuando la mujer debe tocar sus címbalos, igual que Josafat, y agradecer que ha sido salvada a pesar de que parezca la rodea el enemigo (la situación de carencia o enfermedad). La alumna continuó: "¿Cuánto tiempo debemos permanecer en la oscuridad?". Le contesté: *"Hasta que podamos ver en la oscuridad",* pues *"echar la carga nos permite ver en la oscuridad".*

La fe activa es esencial para poder imprimir en el subconsciente.

"La fe sin obras está muerta". En estos capítulos he intentado señalar este punto. Jesús nos enseñó la fe activa cuando "mandó a la gente a que se sentara sobre la hierba" antes de dar gracias por los panes y los peces.

Voy a dar otro ejemplo para mostrar lo necesario que es este paso. De hecho, la fe activa es el puente sobre el cual la mujer camina hacia su Tierra Prometida.

Debido a malos entendidos, una mujer ha estado separada de su pareja, a quien amaba profundamente. Su pareja se negó a todos los ofrecimientos de reconciliación y no se comunicaba con ella de ninguna manera.

Al poseer el conocimiento de la ley espiritual negó la apariencia de separación. Hizo la siguiente afirmación: "No existe separación en la mente divina, por lo tanto, no puedo estar separada del amor y la compañía que me pertenecen por derecho divino".

Demostró una fe activa al tenerla todos los días en sus pensamientos y, por ende, imprimió en su subconsciente la imagen del regreso. Pasó más de un año y nunca titubeó, y un día regresó.

Muchas veces, el subconsciente es impreso a través de la música. La música tiene una cualidad de cuarta dimensión y libera al alma de su prisión. ¡Hace que cosas maravillosas parezcan *posibles y de fácil obtención!*

Tengo una amiga que usa música todos los días con este propósito. Le proporciona una armonía perfecta y libera la imaginación. Otra mujer suele bailar cuando hace sus afirmaciones. El ritmo y la armonía de la música y el movimiento transportan sus palabras con un poder enorme.

La estudiante debe recordar no despreciar el "día de las pequeñeces".

Antes de una demostración, invariablemente, llegan las "señales de tierra". Antes de que Colón arribara a América vio aves y ramas que mostraban que la tierra estaba cerca. Lo mismo pasa con una demostración, solo que las alumnas suelen confundirlo con la demostración misma y se sienten decepcionadas.

Por ejemplo: Una mujer decretó las palabras para tener una vajilla. Poco tiempo después, una amiga le regaló un plato viejo y estrellado. Fue a verme y me dijo: "Bueno, pedí una vajilla y lo único que obtuve fue un plato estrellado".

Le contesté: "El plato solamente era una señal de tierra. Te muestra que tu vajilla está en camino; piensa que es como aves y algas". Y no pasó mucho tiempo antes de que llegara su vajilla.

Constantemente "pretender" imprime sobre la mente subconsciente. Si pretendemos que somos ricos y pretendemos que somos exitosos, "a su debido tiempo recogeremos la cosecha".

Los niños siempre están creyendo algo; y "si nosotros no volvemos a ser como niños, no entrarán en el Reino de los Cielos".

Por ejemplo: Conozco el caso de una mujer que era muy pobre, pero nadie era capaz de hacerla *sentir* pobre. Ganaba una pequeña cantidad de dinero que le daban sus amigos ricos, quienes siempre le recordaban que era pobre y que debía ser cuidadosa y ahorrar. A pesar de las advertencias, se gastaba todo su sueldo en un sombrero o en un regalo para alguien y su estado de ánimo era eufórico. Sus pensamientos se centraban en ropa hermosa y "anillos y cosas", pero sin sentir envidia de los demás.

Vivía en el mundo de lo maravilloso y solamente la riqueza le parecía real. No pasó mucho tiempo antes de que se casara con un hombre rico, y los anillos y las cosas se volvieron palpables. No sé si el hombre era su selección divina, pero la opulencia tenía que manifestarse en su vida, puesto que era lo único que imaginaba.

No hay paz ni felicidad para una mujer hasta que no elimina todo el miedo del subconsciente. El miedo es energía mal dirigida y debe ser redirigida o trasmutada en fe.

Jesús dijo: "¿Por qué tienen miedo, hombres de poca fe?... Todo es posible para aquel que cree".

Mis alumnas me preguntan mucho: "¿Cómo puedo deshacerme del miedo?" Y les contesto: "Acercándote a lo que te da miedo".

"El león se alimenta de tu miedo". Acércate al león y desaparecerá; huye de él y correrá tras de ti.

En capítulos anteriores he mostrado cómo el león de la carencia desapareció cuando la persona gastó dinero sin temor, mostrando la fe de que Dios era su suministro y, por ende, no podía fallar.

Muchas de mis alumnas han salido del cautiverio de la pobreza y ahora, al perder el miedo a soltar el dinero, sus provisiones son abundantes. El subconsciente es impreso con la verdad de que *Dios es el dador y el regalo*; por lo tanto, puesto que somos uno con el dador, somos uno con el regalo. Una afirmación maravillosa es: "Ahora agradezco a Dios el dador por Dios el regalo".

Cuando una mujer, por medio de pensamientos de separación y carencia, ha estado separada mucho tiempo de su bien y de su suministro, muchas veces hace falta dinamita (una situación importante) para quitar las ideas falsas de su subconsciente.

En la ilustración anterior vemos cómo el individuo se liberó de su cautiverio al *mostrar valentía.*

Obsérvate cada hora para detectar si tu incentivo para la acción es el miedo o la fe.

Quizá tu miedo sea a la personalidad. Si es así, no evites a la gente a la que le temes; está dispuesto a encontrarte alegremente con ella y resultará que son "eslabones de oro en la cadena de tu bienestar" o desaparecerán armoniosamente de tu camino.

Quizá tu miedo sea a las enfermedades o a los gérmenes. Entonces debes ser valiente y estar tranquilo en una situación donde haya muchos gérmenes, y así permanecer inmune.

Solo contraemos gérmenes si estamos vibrando en la misma frecuencia que ellos, y el miedo baja a la mujer a la frecuencia de los gérmenes. Claro que las enfermedades causadas por los gérmenes son el producto de la mente carnal, pues todo pensamiento debe materializarse. En el supraconsciente o mente divina no existen los gérmenes y, por ende, son producto de la "imaginación inútil".

La liberación de la mujer vendrá "en un abrir y cerrar de ojos" cuando se dé cuenta de que *no existe poder en el mal.*

El mundo material se desvanecerá y el mundo de la cuarta dimensión, el "mundo de lo m+6*/aravilloso", se manifestará.

"Entonces vi un cielo nuevo y una tierra nueva, y ya no habrá muerte, ni habrá más duelo, ni clamor, ni dolor, porque las primeras cosas han pasado".

Escojan hoy a quién servir, al miedo o a la fe.

Amor

El amor verdadero es desinteresado
y está libre de miedo.

Todas las mujeres de este planeta están haciendo su iniciación en el amor. "Un nuevo mandamiento les doy: que se amen los unos a los otros". El filósofo ruso Ouspensky afirmó, en *Tertium organum,* que "el amor es un fenómeno cósmico" y abre el mundo de la cuarta dimensión: "El mundo de lo maravilloso".

El amor verdadero es desinteresado y está libre de miedo. El amor verdadero se vierte sobre el objeto de su afecto sin exigir nada a cambio. Su gozo está en el gozo de dar. El amor es Dios en manifestación y es la fuerza magnética más fuerte del universo.

El amor puro y desinteresado *se atrae a sí mismo*; no necesita buscar ni pedir. Casi nadie tiene una vaga idea del amor verdadero. Cuando la gente es egoísta, tirana o miedosa en sus afectos, pierde al objeto que ama. Los celos son el peor enemigo del amor, pues la imaginación se descontrola y cree que el amado se siente atraído por otro, e invariablemente este miedo se materializa si no lo neutralizamos.

Por ejemplo: Me buscó una mujer que estaba desesperada. El hombre al que amaba —ella le decía el Capi porque era capitán— la había abandonado para estar con alguien más y dijo que nunca tuvo la intención de casarse con ella. Estaba llena de celos y resentimiento, dijo que deseaba que él sufriera lo mismo que ella había sufrido por su culpa. Y añadió: "¿Cómo fue capaz de dejarme si yo lo amaba tanto?".

Le contesté: "No amas a ese hombre, lo odias", y le dije también: *"Jamás podrás recibir lo que nunca has dado. Da un amor perfecto y recibirás un amor perfecto*. Perfecciónate. Dale un amor perfecto, generoso, sin exigir nada a cambio, no lo critiques ni lo condenes, y *bendícelo en dondequiera que esté*".

Me contestó: "¡No, no voy a bendecirlo a menos que sepa en dónde está!". "Muy bien", le respondí, "eso no es amor verdadero".

"Cuando *envías amor verdadero*, el amor verdadero regresa a ti, ya sea de este hombre o de un equivalente; porque si él no es tu selección divina, entonces no lo quieres contigo. Puesto que eres uno con Dios, eres uno con el amor que es tuyo por derecho divino".

Pasaron varios meses y la situación permaneció igual, pero ella estaba trabajando a conciencia con ella misma. Le dije: "Cuando su crueldad ya no te importe, él dejará de ser cruel, puesto que tú misma estás atrayéndolo con tus propias emociones".

Le conté de una hermandad en India cuyos miembros nunca se saludaban diciendo "Buenos días". Usaban las siguientes palabras: *"Saludo a la divinidad que hay en ti".* Saludaban a la divinidad en todos y en los animales de la selva, y nunca eran lastimados porque solo *veían a Dios en todo* lo vivo. Le dije: "Saluda a la divinidad en este hombre y di: 'Únicamente veo tu ser Divino. Te veo como Dios te ve, perfecto, hecho a su imagen y semejanza'".

Descubrió que estaba sintiéndose más serena y poco a poco se diluía el resentimiento. Él era capitán y ella siempre le llamaba el Capi.

Un día dijo de repente: *"Dios bendiga al Capi en dondequiera que esté".*

Le contesté: "Eso sí es amor verdadero y cuando te hayas convertido en un 'círculo completo' y la situación ya no te moleste, entonces tendrás ese amor o atraerás a su equivalente".

En esa época estaba cambiándome de casa y no tenía teléfono, de manera que no supe nada de ella durante algunas semanas. Hasta que, una mañana recibí una carta que decía: "Nos casamos".

En cuanto pude, le hablé por teléfono. Lo primero que le dije fue: "¿Qué pasó?"

"¡Ay!", exclamó, "¡un milagro! Un día desperté y todo el sufrimiento se había ido. Ese día lo vi y me pidió que me casara con él. Nos casamos como una semana después y nunca he visto a un hombre más comprometido".

Hay un viejo dicho: *"Nadie es tu enemigo, nadie es tu amigo, todo el mundo es tu maestro".*

Así que, vuélvete impersonal y aprende lo que cada persona tiene para enseñarte, y pronto aprenderás tus lecciones y serás libre.

El novio de esta mujer estaba enseñándole el amor desinteresado, que, tarde o temprano, todos tenemos que aprender.

El sufrimiento no es necesario para el desarrollo de la mujer; es el resultado de violar la ley espiritual, pero parece que poca gente es capaz de despertar su "alma dormida" sin él. Cuando la gente está feliz, por lo general se vuelve desinteresada y la ley del karma entra en acción de inmediato. La gente suele sufrir la pérdida debido a la falta de apreciación.

Conocí a una mujer cuyo marido era muy bueno, pero ella decía muy a menudo: "No me interesa nada del matrimonio, no es que tenga nada en contra de mi esposo. Solamente no estoy interesada en la vida matrimonial".

Sus intereses eran otros y casi nunca se acordaba de que tenía un marido. Únicamente pensaba en él cuando lo veía. Y un día, el esposo le dijo que estaba enamorado de otra mujer y se fue. Ella vino a verme angustiada y con resentimiento.

Le contesté: "Eso es exactamente lo que estuviste decretando. Decías que no te importaba nada sobre la vida en matrimonio, de manera que tu subconsciente trabajó para que no estuvieras casada".

Respondió: "Sí, ya veo. La gente obtiene lo que quiere y se siente muy lastimada".

Pronto entró en armonía perfecta con la situación y supo que ambos estaban mucho más felices separados.

Vino a verme una mujer que se sentía triste, abatida y pobre. Una muy amiga suya estaba interesada en la "Ciencia de los Números" y le había hecho una interpretación. Al parecer, el resultado no fue muy favorable porque me dijo: "Mi amiga dijo que nunca voy a ascender a nada porque soy 'dos'".

Le dije: "No me importa qué número seas, tú eres una idea perfecta en la mente divina y vamos a exigir el éxito y la prosperidad que la inteligencia infinita *ya tiene planeados* para ti".

Pocas semanas después consiguió un puesto excelente y, uno o dos años más tarde, logró un gran éxito como escritora.

Ninguna mujer puede atraer dinero si lo desprecia. Mucha gente no sale de la pobreza por decir: "El dinero no significa nada para mí y desprecio a la gente que lo tiene". Por eso es que muchos artistas son pobres. Su desprecio por el dinero los separa de él. Recuerdo que escuché a una artista hablando sobre otra: "No es buena artista, tiene dinero en el banco".

Esta forma de pensar, obviamente, separa a la mujer de su provisión; debe estar en armonía con algo para poder atraerlo.

El dinero es Dios en manifestación, al igual que la libertad de carencia y limitación, pero siempre tiene que circular y usarse en propósitos adecuados. Acaparar y ahorrar tienen como resultado la triste venganza.

Esto no quiere decir que la mujer no deba tener casas y terrenos, acciones y bonos, pues "la vida de la mujer recta debe ser plena". Significa que la mujer no debe acaparar incluso lo principal si se da una ocasión en la que se necesite el dinero. Al soltarlo sin temor y con gusto, está abriendo la puerta para que llegue más, porque Dios es el suministro que nunca falla y jamás se agota.

Esta es la actitud espiritual hacia el dinero ¡y el gran banco del universo nunca falla!

En la película de 1925, *Avaricia (Greed)*[1], de la MGM se ilustra lo anterior. Una mujer gana cinco

---

[1] Encontramos otro ejemplo en la película de 1994, *Lotería del amor (It Could Happen to You)*, en la que un policía, interpretado por Nicholas Cage, no tiene dinero para dejarle propina a la mesera de la cafetería, interpretada por Bridget Fonda. No quiere irse sin mostrarle su agradecimiento, entonces le ofrece compartir con ella el premio si su billete de lotería sale premiado. Se

millones de dólares en la lotería, pero no los gasta. Los guarda y los ahorra, deja que su esposo sufra y tenga hambre, y termina lavando pisos para sobrevivir. Amaba el dinero y lo anteponía a cualquier cosa hasta que, una noche la asesinan y le roban el dinero.

Este es un ejemplo de cuando "el amor por el dinero es la raíz del mal". El dinero en sí mismo es bueno y nos beneficia, pero si se usa con motivos destructivos, se acapara y se ahorra, o se considera que es más importante que el amor, entonces trae enfermedades y desastres y la pérdida del dinero mismo.

Sigue el camino del amor y todo lo demás será añadido, *pues Dios es amor y Dios es abastecimiento*; sigue el camino del egoísmo y la avaricia, y el suplemento se desvanecerá o serás separado de él.

Por ejemplo: Conozco el caso de una mujer muy rica que guardaba su sueldo. Casi nunca rega-

---

gana el premio, pero su codiciosa mujer lo demanda para quitarle todo el dinero, y lo logra. Pero finalmente no es la que gana. Al final derrocha todo y echa a perder su matrimonio. El policía y la mesera se enamoran y reciben mucho dinero de sus simpatizantes, más de la cantidad que habían ganado en un principio. Gracias a su esfuerzo por compartir, el policía es recompensado con abundancia. La avaricia de la esposa y su deseo de quedarse con todo le cuesta todo.

laba nada, pero compraba muchas cosas para ella misma.

Le encantaban los collares y una amiga le preguntó cuántos tenía. "67", le contestó. Los compraba y los guardaba cuidadosamente envueltos en pañuelos de papel. Hubiera sido válido que usara los collares, pero estaba violando la ley del uso. Su clóset estaba lleno de ropa que no se ponía y de joyas que nunca salían de él.

Sus brazos estaban paralizándose poco a poco por aferrarse a las cosas. Eventualmente la declararon incapaz de encargarse de sus asuntos y le dieron a alguien más su dinero para que lo administrara.

Así que, la gente, sin conocer la ley, la llevó a su propia destrucción.

Todas las enfermedades, toda la tristeza, provienen de la violación de la ley del amor. El odio, el resentimiento y la crítica regresan a la mujer cargados de enfermedad y dolor. Parece que el amor es algo perdido, pero la mujer que conoce la ley espiritual sabe que debe recuperarlo porque, sin él, se "volvería como metal que resuena o címbalo que retiñe".

Por ejemplo: Una alumna venía a verme cada mes para limpiar su conciencia de resentimiento.

Después de un tiempo, llegó un momento en el que sentía resentimiento solamente hacia una mujer, pero esa mujer la mantenía ocupada. Poco a poco comenzó a sentirse tranquila y armoniosa y, un día, el resentimiento se había esfumado.

Llegó radiante a verme y dijo: "¡No sabes cómo me siento! La mujer me dijo algo y, en lugar de sentirme furiosa, me porté cariñosa y amable, ella me ofreció una disculpa y se portó muy bien conmigo. ¡Nadie puede entender lo maravillosamente ligera que me siento!".

El amor y la buena voluntad son invaluables en los negocios.

Por ejemplo: Una mujer vino a verme; se quejaba de su jefa, pues dijo que era fría y crítica. Sabía que no la quería en el puesto en el que estaba.

"Bueno", le contesté: "saluda a la divinidad en la mujer y envíale amor".

Me dijo: "No puedo, es una mujer de mármol".

Le respondí: "¿Te acuerdas de la historia de un escultor que pidió un trozo específico de mármol? Le preguntaron por qué lo quería y dijo: 'Porque hay un ángel en el mármol'. Y de él hizo una obra de arte maravillosa".

"Muy bien", me dijo: "voy a tratar". A la siguiente semana me dijo: "Hice lo que me dijiste y ahora esta mujer es muy amable, incluso me invitó a comer".

Algunas veces, la gente siente remordimientos por haber tratado mal a alguien, aunque haya pasado hace mucho tiempo. Si no puedes deshacer lo que ya hiciste, sí puedes neutralizar su efecto tratando bien a alguien *en el ahora*.

"Hago esto olvidándome de las cosas que quedaron atrás y alcanzando las cosas que están delante de mí".

La tristeza, el arrepentimiento y el remordimiento destrozan las células del cuerpo y envenenan la atmósfera del individuo.

Una mujer me dijo con gran tristeza: "Ayúdame a sentirme más contenta y feliz, porque la tristeza que siento me hace estar tan irritable con mi familia que no dejo de generarme más karma".

Me pidieron que ayudara a una mujer que lloraba por la pérdida de su hija. Negué toda creencia en la pérdida y en la separación y afirmé que Dios era el gozo, el amor y la paz de esa mujer.

Ella recuperó su presencia de ánimo de inmediato, pero me dijo a través de su hijo que ya no la ayudara más porque se sentía "tan feliz que no era correcto".

A la mente mortal le encanta aferrarse a su dolor y a su arrepentimiento.

Conocí a una mujer que no dejaba de hablar de sus problemas y, obviamente, siempre tenía de qué hablar.

Antes, la gente creía que si una madre no se preocupaba por sus hijos, entonces no era buena madre. Ahora sabemos que el miedo que las madres sienten por sus hijos es la causa de muchas de las enfermedades y de los accidentes que se presentan en sus vidas. Pues el miedo retrata vívidamente la enfermedad o la situación temida y, si no son neutralizadas, dichas imágenes se manifiestan.

La madre capaz de decir con sinceridad que pone a su hijo en las manos de Dios y *sabe*, por lo tanto, que está protegido de manera divina, es una madre feliz.

Por ejemplo: Una mujer despertó a media noche de repente con la sensación de que su hermano estaba en un grave peligro. En lugar de rendirse al miedo, comenzó a hacer decretos de Verdad, diciendo: "Somos una idea perfecta en la mente divina y siempre estamos en el lugar correcto. Por lo tanto, mi hermano está en su lugar correcto y está protegido de manera divina".

Al día siguiente se enteró de que su hermano había estado en una mina que explotó, pero había escapado de milagro.

Así que una mujer es la cuidadora de su hermano (en pensamiento) y toda mujer debe saber que las cosas que ama habitan "al abrigo del Altísimo y moran bajo la sombra del Omnipotente".

"El perfecto amor expulsa el temor. La que teme no es hecha perfecta en el amor".

El amor es cumplir la ley.
Sigue el camino del amor.

Intuición o guía

Confía en el Señor con todo tu corazón
y él enderezará tus sendas.

Para la mujer que conoce el poder de su palabra y que sigue su guía intuitiva, no existe nada que no sea capaz de lograr. Por medio de la palabra pone en acción fuerzas invisibles y puede reconstruir su cuerpo o modificar sus asuntos. Por lo tanto, es de extrema importancia que escoja las palabras correctas y seleccione con cuidado la afirmación que desea enviar a lo invisible. Ella sabe que Dios es su proveedor, que hay suministro suficiente para cada petición y que su palabra decretada libera ese suministro.

"Pide y recibirás".

La mujer debe dar el primer paso. "Acérquense a Dios y él se acercará a ustedes".

Muchas veces, me han preguntado cómo hacer una demostración.

Les contesto: "Decreta la palabra y después no hagas nada hasta que no veas una guía evidente". Pide la guía diciendo: "Espíritu infinito, enséñame el camino, muéstrame si hay algo que yo deba hacer".

La respuesta vendrá a través de la intuición (o corazonada), de un comentario de alguien, o de una frase en un libro. Muchas veces, las respuestas te sorprenden por su exactitud.

Por ejemplo: Una mujer deseaba tener una gran cantidad de dinero. Decretó las siguientes palabras: "Espíritu infinito, despeja el camino para mi provisión inmediata, que ahora llegue a mí todo lo que es mío por derecho divino en grandes avalanchas de abundancia". Y añadió: "Dame una guía definitiva, dime si hay algo que yo deba hacer".

El pensamiento no tardó en llegar: "Dale 100 dólares a tu amiga (quien le había ayudado espiritualmente)". Se lo dijo a su amiga y esta le respondió: "Espera a que recibas otra guía antes de darlos". Así lo hizo y ese día se encontró con una mujer que le dijo: "Hoy le di un dólar a alguien; para mí fue como si tú le hubieras dado 100 a alguien".

Esta era una guía inconfundible, así que supo que era correcto dar los 100 dólares. Fue un regalo que resultó ser una gran inversión porque, poco tiempo después, le llegó una gran suma de dinero de manera extraordinaria.

Dar despeja el camino para recibir. Para crear actividad en las finanzas debemos dar. Dar el diezmo, o la décima parte de nuestro ingreso, es una antigua costumbre judía que trae aumentos. Mucha gente de la más rica de Estados Unidos suele dar el diezmo, y yo nunca he sabido que no sirva como inversión.

La décima parte se va y regresa bendecida y multiplicada. Pero debemos dar el regalo o el diezmo con amor y alegría, pues "Dios ama al que da con alegría". Debemos pagar con alegría las facturas, debemos soltar todo el dinero sin miedo y con una bendición.

Esta actitud mental hace que la mujer sea ama del dinero. Es suyo y debe obedecerla, y su palabra decretada entonces abre las vastas reservas de la riqueza.

La propia mujer limita su suministro debido a su poca visión. Muchas veces, mis alumnas tienen una gran comprensión de la riqueza, pero se sienten temerosas de actuar.

La visión y la acción deben ir de la mano, como en el caso de la mujer que se compró el abrigo caro.

Vino a verme una mujer que me pidió que decretara la palabra para conseguir un puesto. Así que dije: "Espíritu infinito, despeja el camino del puesto adecuado para esta mujer". No pidas solamente "un puesto", pide el puesto *adecuado*, el lugar que ya está planeado en la mente divina, pues solo así te dará satisfacción.

Entonces agradecí que ya hubiera recibido y que se manifestara rápidamente. Muy pronto, le ofrecieron tres propuestas, dos en Nueva York y una en Palm Beach, y no sabía por cuál decidirse. Le dije: "Pide una guía definitiva".

Ya casi se había terminado el plazo para que tomara una decisión y seguía sin estar segura, y un día me llamó. "Cuando desperté hoy en la mañana, olí Palm Beach", me dijo. Ya había ido y conocía su aromática fragancia.

Le respondí: "Bueno, si puedes oler a Palm Beach desde aquí, no hay duda de que es tu guía".

Aceptó el puesto y le va muy bien. Muchas veces, la guía se presenta cuando menos lo esperas.

Un día iba caminando por la calle cuando sentí la necesidad urgente de ir a una panadería que estaba a una o dos cuadras.

Mi mente pensante se resistía diciendo: "Ahí no hay nada que quieras".

No obstante, he aprendido a no razonar, así que fui a la panadería, miré todo y, efectivamente, no había nada que yo quisiera. Pero, al salir me encontré a una mujer que necesitaba con urgencia que yo la ayudara.

Muchas veces vamos por algo y nos encontramos otra cosa. La intuición es una facultad espiritual y no explica, solo *señala el camino*.

A menudo nos llega la guía durante el tratamiento. La idea que llega puede parecer irrelevante, pero algunas guías de Dios son misteriosas.

Un día en clase estaba explicando que cada persona recibe una guía definitiva. Al terminar, una mujer se acercó a mí y me dijo: "Cuando estabas explicando eso, tuve la corazonada de sacar mis muebles de la bodega y buscar un departamento". La mujer había venido para que la tratara por su salud. Le dije que sabía que su salud iba a mejorar cuando tuviera su casa y añadí: "Creo que tu problema, que es una congestión, se debe a que tienes las cosas almacenadas. La congestión de cosas provoca congestión en el cuerpo. Violaste la ley del uso y tu cuerpo está pagando el precio".

Así que agradecí que el "orden divino se estableciera en su mente, en su cuerpo y en sus asuntos".

La gente no piensa en la manera en que sus asuntos afectan a su cuerpo. Cada enfermedad tiene una correspondencia mental. Podemos sanar de manera instantánea al darnos cuenta de que nuestro cuerpo es una idea perfecta en la mente Divina y que, por lo tanto, es completo y perfecto; pero si seguimos con un pensamiento destructivo, acumulando, temiendo y condenando, la enfermedad regresará.

Jesús sabía que todas las enfermedades provienen del pecado y previno al leproso, después de la sanación, que ya no pecara para que no le sucediera algo peor.

Los metafísicos siempre están investigando la correspondencia de las enfermedades. Para lograr una salud total, el alma (la mente subconsciente) debe limpiarse y quedar más blanca que la nieve.

Jesús dijo: "No juzguen, y no serán juzgados; no condenen, y no serán condenados".

Mucha gente se ha generado enfermedades e infelicidad al condenar a los demás. Lo que la mujer condena en los demás, lo atrae para sí misma.

Por ejemplo: Una amiga estaba enojada y angustiada porque su marido la había abandonado por otra mujer. Condenaba a la otra mujer y decía constantemente: "Ella sabía que estaba casado y no tenía derecho de aceptar sus atenciones".

Le contesté: "Deja de condenarla, bendícela y suelta la situación o, de otra manera, estarás atrayendo lo mismo para ti". No me hizo caso y uno o dos años más tarde se interesó por un hombre casado.

Cada vez que criticamos o condenamos a alguien, estamos agarrando un cable pelado, y podemos electrocutarnos.

La indecisión es una gran piedra en el camino con la que podemos tropezar. Para sortearla, repite el siguiente decreto: "Siempre estoy bajo inspiración directa; tomo rápidamente las decisiones correctas".

Estas palabras se imprimen en el subconsciente y pronto descubrimos que estamos despiertos y alerta, y haciendo lo correcto sin dudas. He descubierto que es negativo buscar guía en el plano psíquico, pues es el plano de muchas mentes y no de la "mente única".

Cuando la mujer abre su mente a la subjetividad se vuelve el blanco de las fuerzas destructivas. El plano psíquico es el resultado de su pensamiento mortal y está en el "plano de los opuestos". Puede recibir mensajes buenos o malos. La ciencia de los números y la lectura de los horóscopos mantienen a la gente en el plano mental (o mortal), pues solo tienen que ver con el camino del karma.

Conozco a un hombre que, según su horóscopo, debía estar muerto desde hace años, pero está vivo y es el líder de uno de los movimientos más grandes de Estados Unidos para ayudar a la humanidad.

Hace falta una mente muy poderosa para neutralizar una profecía negativa. La alumna debe decretar: "Toda profecía falsa debe ser nula; los planes que Dios en el cielo no ha planeado deben ser disueltos y nulificados. Ahora sucede la idea divina".

No obstante, si nos dan un mensaje positivo —de felicidad o salud venideras— debemos albergarlo y esperarlo, y tarde o temprano se manifestará por medio de la ley de la expectativa.

La voluntad de la mujer debe ser usada para respaldar la voluntad universal: "Es mi voluntad que se haga la voluntad de Dios".

La voluntad de Dios es conceder a cada mujer todos los deseos correctos de su corazón, y la voluntad de la mujer debe ser usada para sostener la visión perfecta, sin vacilar.

El hijo pródigo dijo: "Me levantaré e iré a mi Padre".

De hecho, salir del caparazón y la inmundicia del pensamiento mortal es un esfuerzo de la voluntad. Para la persona promedio es más fácil tener miedo que tener fe: *de manera que la fe es un esfuerzo de la voluntad.*

Cuando una mujer despierta espiritualmente reconoce que la falta de armonía exterior es la correspondencia de la falta de armonía mental. Si se tambalea o cae, sabe que tambalea o cae en conciencia.

Un día, una alumna iba caminando y condenando a alguien en sus pensamientos. Mentalmente decía: "Esa mujer es la mujer más desagradable de la Tierra", cuando, de repente, tres adolescentes salieron corriendo de la esquina y casi la tiran. No los condenó, sino que de inmediato utilizó la ley del perdón y saludó a la divinidad dentro de la mujer. Los caminos de la sabiduría son caminos placenteros y todos son de paz.

Después de hacer las peticiones al universo, debemos estar preparados para las sorpresas. Puede parecer que todo está mal cuando, en realidad, está bien.

Por ejemplo: A una mujer le dijeron que en la mente divina no hay pérdidas y que, por ende, no podía perder nada que le perteneciera; cualquier cosa perdida le sería devuelta o recibiría su equivalente.

Muchos años antes perdió dos mil dólares. Le había prestado el dinero a una pariente, pero ella murió sin mencionar la deuda en su testamento. La mujer se sentía resentida y enojada y, debido a que no tenía ninguna prueba escrita del préstamo, no lo recuperó. Entonces decidió negar la pérdida y recuperar los dos mil dólares del banco universal. Debía empezar por perdonar a la mujer, pues el resentimiento y el no perdonar cierran las puertas de este maravilloso banco.

Hizo el siguiente decreto: "Niego la pérdida pues no existe pérdida en la mente divina y, por lo tanto, no puedo perder los dos mil dólares que me pertenecen por derecho divino. *Cuando una puerta se cierra, se abre otra*".

Vivía en un edificio que estaba a la venta. En el contrato había una cláusula que especificaba que, si el edificio se vendía, los inquilinos tendrían 90 días para mudarse.

De repente, el propietario incumplió el contrato y elevó la renta. De nuevo, la injusticia se presentaba en su camino, pero esta vez no se molestó. Bendijo al propietario y dijo: "El que la renta se haya elevado significa que yo tendré más dinero puesto que Dios es mi provisión".

Se hicieron nuevos contratos para la renta anticipada pero, gracias a un error divino, la cláusula de 90 días no fue incluida. Debido al error en los nuevos contratos, los inquilinos estuvieron en posesión durante un año más.

El agente ofreció 200 dólares a cada inquilino para que se saliera. Muchas familias se mudaron y se quedaron tres, incluyendo la mujer. Al pasar uno o dos meses y el agente volvió a aparecer. En esta ocasión, le dijo a la mujer: "¿Está dispuesta a cancelar el contrato por la suma de 1500 dólares?". Le vino como un flashazo: "Aquí vienen los 2000 dólares". Se acordó que le había dicho a sus amigos del edificio: "Vamos a actuar juntos si vuelven a decirnos que nos vayamos". Así que su *guía* fue consultar a sus amigos.

Sus amigos le dijeron: "Bueno, si te ofrecieron 1500, seguramente aceptarán darte 2000". Así que recibió un cheque de 2000 dólares por salirse del departamento. En efecto, fue obra de la ley y la aparente injusticia solamente estaba abriendo el camino para su demostración.

Esto nos enseña que no hay pérdida y, cuando una mujer se mantiene en el aspecto espiritual, recibe lo que es suyo de esta gran reserva de Dios.

"Entonces los compensaré por los años en que devoraban la langosta". La langosta son las dudas, los miedos, el resentimiento y el arrepentimiento del pensamiento mortal.

Estos pensamientos adversos, por sí solos, son autodestructivos, pues "ninguna mujer se da a sí misma sino de sí misma; ninguna mujer se quita a sí misma sino de sí misma".

La gente está aquí para demostrar a Dios y para "ser testigo de la verdad", y solamente pueden probar a Dios al extraer abundancia de la carencia y justicia de la injusticia.

"Pónganme a prueba en esto, dijo el Señor de los ejércitos, si no les abro las ventanas de los cielos y derramo sobre ustedes bendiciones hasta que sobreabunde".

La visión y la acción deben ir de la mano.

Autoexpresión perfecta o el diseño divino

Para cada mujer existe la autoexpresión perfecta.

Existe un lugar que cada mujer debe ocupar y nadie más puede hacerlo; algo que ella debe hacer y que nadie más puede. ¡Es su destino!

Este logro es una idea perfecta en la mente divina, en espera de que la mujer la reconozca. Ya que la capacidad para imaginar es la capacidad creativa, es necesario que la mujer vea la idea antes de que pueda manifestarse. Así que, la petición superior de una mujer es el *diseño divino de su vida.*

Es posible que no tenga la menor idea de cuál sea porque, posiblemente, haya un maravilloso talento oculto en lo más profundo de su ser.

Su petición debe ser: "Espíritu infinito, abre el camino para que el diseño divino de mi vida se manifieste; permite que el genio de mi interior sea liberado ahora; permíteme ver con claridad el plan perfecto".

El plan perfecto incluye salud, riqueza, amor y autoexpresión perfecta. Esta es la *armonía de la vida*, que trae la felicidad perfecta. Cuando ha hecho esta petición, quizá la mujer sienta que suceden cambios importantes en su vida, puesto que casi todas las mujeres se han alejado del diseño divino.

El caso de una mujer fue como si un huracán hubiera modificado sus asuntos. Pero los reajustes se dieron rápidamente y unas condiciones nuevas y maravillosas reemplazaron a las anteriores.

La autoexpresión perfecta nunca es trabajo, sino que encierra un interés que nos absorbe de tal manera que parece como si fuera un juego. La alumna sabe también que, puesto que la mujer viene al mundo financiado por Dios, el *suplemento* necesario para su autoexpresión perfecta estará a su alcance.

Muchas mujeres han luchado durante años con el problema de su suplemento, cuando su palabra decretada y su fe les habrían proporcionado rápidamente los fondos necesarios.

Por ejemplo: Un día, después de la clase, una mujer me dio un centavo. Me dijo: "Solo tengo siete centavos y voy a darte uno porque tengo fe en el poder de tu palabra decretada. Quiero que decretes la palabra para mi autoexpresión perfecta y mi prosperidad".

Decreté las palabras y no volví a verla sino hasta un año después. Vino a verme, contenta y exitosa, con un fajo de billetes en la mano. Me dijo: "Después de que decretaste la palabra, me ofrecieron un puesto en otra ciudad y ahora estoy demostrando mi salud, mi felicidad y mi suplemento".

La autoexpresión perfecta de la mujer puede ser convertirse en una madre perfecta, en una ama de casa perfecta o en una mujer de negocios perfecta.

Pide guías definitivas y el camino se volverá fácil y de éxito.

No debemos visualizar o forzar una imagen mental. Cuando la mujer pide que el diseño divino llegue a su mente consciente, recibirá flashazos de inspiración y se verá a sí misma teniendo algún gran logro. Esta es la imagen, o idea, que debe sostener sin dudar.

Aquello que la mujer busca está buscándola a ella; ¡el teléfono estaba buscando a Bell!

Los padres jamás deben forzar a sus hijos a que estudien o trabajen en algo. Con el conocimiento de la verdad espiritual, el plan divino puede ser decretado cuando aún son niños o incluso antes de que nazcan.

Un tratamiento prenatal debe ser: "Que el Dios en este niño tenga expresión perfecta; que el diseño divino de mente, cuerpo y asuntos, se manifieste a lo largo de su vida, durante la eternidad".

La voluntad de Dios, no la nuestra; el patrón de Dios, no el nuestro, es la orden que encontramos en las escrituras, y la Biblia es un libro que trata de la ciencia de la mente. Es un libro que le dice a la gente cómo liberar su alma (o mente subconsciente) de las ataduras.

Las batallas que describe son imágenes de gente que comienza una guerra contra los pensamientos mortales. "Sus enemigos serán los de su casa". Todos somos Josafat, y todos somos David que mata a Goliat (el pensamiento mortal) con una pequeña piedra blanca (la fe).

Así que, la mujer debe tener cuidado de no ser la "sierva mala y negligente" que enterró su talento. Hay un terrible castigo qué pagar por no usar nuestra capacidad.

Muchas veces, el miedo se interpone entre la mujer y su autoexpresión perfecta. El miedo escénico ha obstaculizado a muchos genios. Podemos vencer esto por medio de la palabra decretada o el tratamiento. Entonces, la persona pierde la conciencia de sí misma y simplemente siente que es un canal a través del cual la inteligencia infinita puede expresarse.

Está bajo inspiración directa, sin temor y segura; pues siente que es el "Dios de su interior" el que hace el trabajo.

Una chica joven solía asistir a mi clase junto con su madre. Me pidió que decretara la palabra para los exámenes de la escuela.

Le dije que hiciera la siguiente afirmación: "Yo soy uno con la inteligencia infinita. Sé todo lo que debo saber sobre esta materia". Era muy buena en historia pero no se sentía tan segura en aritmética. Volví a verla después y me dijo: "Decreté la palabra para mi examen de aritmética y pasé con la calificación más alta, pero pensé que podía confiar en mí misma para el examen de historia y saqué una calificación muy baja". Algunas veces, la mujer sufre un revés cuando está demasiado segura de sí misma, lo que significa que está confiando en su personalidad y no en el Dios de su interior.

Otra de mis alumnas me dio un ejemplo de esto. Un verano hizo un viaje largo, visitó muchos países y no conocía sus idiomas. A cada rato pedía guía y protección, y todos sus asuntos se dieron de manera tranquila y milagrosa. ¡Sus maletas nunca llegaron tarde ni se perdieron! Sus reservaciones siempre estuvieron listas en los mejores hoteles; en todos los lugares a los que iba le daban un excelente servicio. De regreso a Nueva York y, al dominar el idioma, sintió que Dios ya no era necesario, así que se encargó de sus asuntos de manera ordinaria.

Todo le salió mal, sus maletas se retrasaron entre inarmonía y confusión. La estudiante debe adquirir el hábito de practicar la presencia de Dios a cada minuto. "Reconoce a Dios en todos tus caminos", pues nada es demasiado pequeño ni demasiado grande.

En ocasiones, un incidente insignificante puede ser el punto de inflexión en la vida de una mujer.

Al observar el agua que hervía dentro de una tetera, ¡Robert Fulton vio un barco de vapor!

He visto que una alumna suele obstaculizar su demostración por medio de la resistencia. Se aferra a un solo canal y prescribe la manera en que desea que se dé la manifestación, lo cual lleva a que las cosas se estanquen.

"¡Mi manera, no tu manera!" es la orden de la inteligencia infinita. Al igual que cualquier poder, ya sea vapor o electricidad, debe haber un motor que no ofrezca resistencia o un instrumento a través del cual trabaje, y la gente somos los motores o los instrumentos.

Una y otra vez se nos dice que nos quedemos quietos. "Oh, Judá, no teman, ni se acobarden; salgan mañana al encuentro de ellos, porque el Señor está con ustedes. No necesitan pelear en esta batalla; tomen sus puestos y estén quietos, y vean la salvación del Señor con ustedes".

Vemos esto en el incidente de los 2000 dólares que le llegaron a la mujer a través del propietario cuando *dejó de resistirse* y *se quedó en paz*; y en el caso de la mujer que obtuvo el amor del hombre después de que "todo el sufrimiento hubo terminado".

¡La meta de la estudiante es *equilibrio*!

El equilibrio es poder, puesto que le da al poder de Dios la oportunidad de actuar lo más rápido posible, de "desear y hacer su buen placer". La mujer en equilibrio piensa con claridad y "toma rápidamente las decisiones adecuadas... nunca se le va una".

El enojo nubla la visión, envenena la sangre, es la raíz de muchas enfermedades, y da lugar a malas decisiones que conducen al fracaso.

Se ha dicho que es uno de los peores "pecados", pues su reacción es muy perjudicial. La estudiante debe aprender que, en metafísica, el pecado tiene un significado mucho más amplio que el que tiene en la vieja escuela. "Todo lo que no procede de fe, es pecado".

Descubrimos que el miedo y la preocupación son pecados mortales. Son fe invertida y, a través de imágenes mentales distorsionadas, hacen que sucedan las cosas que más tememos. Nuestro trabajo es sacar a estos enemigos (de la mente subconsciente). "¡Cuando *no tenemos miedo, hemos terminado*!". Maurice Maeterlink (ganador del Premio Nobel de Literatura en 1911) dijo que "El hombre es Dios con miedo".

Entonces, como leímos en capítulos anteriores, la única manera en que la mujer puede vencer al miedo es caminando hacia el objeto al que teme. Cuando Josafat y su ejército se preparaban para enfrentarse al enemigo repitiendo: "Alabado sea el Señor, porque su gran amor perdura para siempre", descubrieron que sus enemigos se habían destruido unos a otros, y no había contra quién luchar.

Por ejemplo: Una mujer le pidió a una amiga que le diera un mensaje a otra amiga. La mujer tenía miedo de entregarlo porque su mente pensante decía: "No te involucres en este asunto, no le digas nada".

Estaba preocupada porque se lo había prometido. Por fin decidió "acercarse al león" y recurrir a la ley de la protección divina. Se reunió con la amiga a la que le daría el mensaje. Cuando abrió la boca para decírselo, su amiga dijo: "El fulano se fue de la ciudad". Con esto, ya no hizo falta que le diera el mensaje porque la situación dependía de que esa persona estuviera en la ciudad. Al estar dispuesta a hacerlo, ya no tuvo que hacerlo; cuando dejó de tener miedo, la situación desapareció.

La estudiante suele retrasar la demostración a través de su creencia en lo incompleto. Debe hacer la siguiente afirmación: "En la mente divina solo existe lo completo; por lo tanto, mi demostración está completa. Mi trabajo perfecto, mi hogar perfecto, mi salud perfecta". Todo lo que ella pide son ideas perfectas registradas en la mente divina y deben manifestarse "bajo la gracia y de manera perfecta". Da las gracias porque ya ha recibido en lo invisible y hace una preparación activa para recibir en lo visible.

Una de mis alumnas necesitaba una demostración en las finanzas. Vino a verme y me preguntó por qué no se había completado.

Le contesté: "Quizá tengas la costumbre de dejar las cosas sin terminar, y el subconsciente ha adquirido el hábito de no completar (como es adentro, es afuera)".

Me contestó: "Tienes razón. Suelo comenzar las cosas y nunca las termino. Voy a irme a mi casa a terminar algo que empecé hace semanas, y sé que será simbólico de mi demostración".

Cosió con dedicación y pronto completó el trabajo. Poco después, el dinero le llegó de manera muy curiosa. Ese mes, a su esposo le pagaron el doble de su sueldo. Les dijo a sus jefes del error y le dijeron que se lo quedara.

Cuando la mujer pide, ¡*con certeza debe recibir, pues Dios crea sus propios canales!*

Muchas veces me han dicho: "Supongamos que alguien posee varios talentos. ¿Cómo puede saber cuál debe elegir?". Pide que te lo muestren de manera definitiva. Di: "Espíritu infinito, dame una guía definitiva, revélame mi autoexpresión perfecta, enséñame qué talento debo usar ahora".

Conozco gente que ha entrado de repente a un área de trabajo nueva y estaba muy preparada, con poco entrenamiento o sin haber entrenado. Así que decreta: "Estoy completamente equipada para el plan divino de mi vida", y no tengas miedo de aprovechar las oportunidades.

Algunas personas dan con alegría, pero son malas para recibir. Rechazan los regalos por orgullo o por alguna razón negativa, bloqueando así sus canales e invariablemente terminan con muy poco o con nada.

Por ejemplo: A una mujer, que había dado mucho dinero, le ofrecieron un regalo de varios miles de dólares. Se negó a aceptarlo argumentando que no lo necesitaba. Poco tiempo después, su situación económica se complicó y terminó debiendo esa misma cantidad. La mujer debe recibir con dignidad el pan que regresa a ella por el agua; gratuitamente han dado, gratuitamente recibirán.

Siempre existe un equilibrio perfecto entre dar y recibir y, aunque la mujer debe dar sin pensar en recibir, si no acepta lo que regresa a ella, está violando la ley; pues todos los regalos provienen de Dios, la gente solamente es el canal.

El que da nunca debe tener un pensamiento de carencia.

Por ejemplo: Cuando la mujer me dio el centavo, no pensé: "Pobre mujer, no puede darse el lujo de dármelo". La vi rica y próspera, con su abastecimiento cayendo sobre ella. Este pensamiento fue lo que lo atrajo. Si no somos buenos recibiendo, debemos volvernos buenos para recibir, y aceptar incluso un timbre postal si nos lo dan, y abrir nuestros canales para recibir.

El Señor ama a aquel que recibe con alegría, así como al que da con alegría.

Muchas veces me han preguntado por qué unas personas nacen ricas y sanas y otras pobres y enfermas. En donde hay un efecto siempre hay una causa; el azar no existe.

La ley de la reencarnación responde esta pregunta. La mujer nace y muere muchas veces hasta que conoce la verdad que la libera. Regresa al plano terrestre a través del deseo insatisfecho, para pagar sus deudas kármicas o para "cumplir con su destino".

La mujer que nace rica y sana posee imágenes en la mente subconsciente de su vida anterior, de salud y riqueza; y la mujer pobre y enferma, las tiene de enfermedad y pobreza. La mujer manifiesta, en cualquier plano, la suma total de sus creencias subconscientes.

Sin embargo, el nacimiento y la muerte son leyes mortales, porque "el precio del pecado es la muerte". La mujer verdadera, la mujer espiritual, ¡no nace ni muere! Nunca ha nacido y jamás morirá: "Como era en un principio, es ahora y será por siempre".

Así, a través de la verdad, la mujer se libera de la ley del karma, del pecado y de la muerte, haciendo que se manifieste el diseño divino de su vida.

El Señor le dirá: "Bien, buen siervo y fiel, sobre poco has sido fiel, sobre mucho (la muerte misma) te pondré: entra en el gozo de tu Señor (la vida eterna)".

La libertad de la mujer
se da cuando cumple su destino.

Negaciones y afirmaciones

Todo lo bueno que se manifestará en la vida de la mujer ya es un hecho consumado en la mente divina y se libera por medio del reconocimiento de la mujer o de su palabra decretada. Entonces, debe ser muy cuidadosa y decretar únicamente lo que la idea divina hará que se manifieste porque, a menudo, decreta fracaso o desgracias a través de sus "palabras descuidadas".

Por ello es de suma importancia elegir correctamente las palabras cuando exigimos; como se dijo en un capítulo anterior. Si deseamos una casa, un amigo, un puesto de trabajo, o cualquier otro bien, debemos exigir la selección divina.

Por ejemplo: "Espíritu infinito, abre el camino para mi casa perfecta, mi amigo perfecto, mi puesto perfecto. Doy gracias porque ahora se manifiesta bajo la gracia de manera perfecta".

La última parte del decreto es sumamente importante.

Por ejemplo: Conozco a una mujer que pidió 1000 dólares. Su hija sufrió un accidente y recibieron una indemnización de 1000 dólares, así que no le llegaron de "manera perfecta". La petición debe ser pronunciada de la siguiente manera: "Espíritu infinito, doy gracias porque los 1000 dólares, que son míos por derecho divino, están en camino ahora y llegan a mí bajo la gracia de manera perfecta".

Al aumentar la consciencia financiera, debemos exigir que las enormes cantidades de dinero, que son nuestras por derecho divino, nos lleguen bajo la gracia de manera perfecta.

Es imposible que la mujer libere más de lo que cree que puede liberar, porque la ata la limitada expectativa del subconsciente. Para poder recibir con mayor abundancia, debe aumentar sus expectativas. La mujer suele limitarse al exigir.

Por ejemplo: Una estudiante pidió 600 dólares para una fecha determinada. Sí los recibió, pero después se enteró de que estuvo a punto de recibir

1000 dólares. Solo recibió 600 como resultado de su palabra decretada.

"Limitaron al santo de Israel". La riqueza es cuestión de consciencia. Los franceses tienen una historia que lo ilustra. Un hombre pobre iba caminando por una senda, cuando se encontró con un viajero que lo detuvo y le dijo: "Mi amigo, veo que eres pobre. Ten esta pepita de oro, véndela y serás rico durante el resto de tus días".

El hombre se sintió lleno de dicha por su buena suerte y se llevó la pepita a su casa. Encontró trabajo de inmediato y se volvió tan próspero que no vendió la pepita. Pasaron los años y se volvió un hombre rico. Un día se encontró a un hombre pobre en el camino y le dijo: "Mi amigo, te daré esta pepita de oro que, si la vendes, te hará rico durante el resto de tus días". El pordiosero tomó la pepita, la examinó y se dio cuenta de que solamente era de latón. Entonces vemos que el primer hombre se volvió rico porque se sintió rico al pensar que la pepita era de oro.

Toda mujer tiene una pepita de oro en su interior; *es su conciencia de oro, de opulencia, lo que trae riquezas a su vida*. Al hacer sus demandas, la mujer comienza en el final de su viaje solo con declarar que ya ha recibido. "Antes de que llames, yo te responderé".

Afirmar constantemente establece la creencia en la mente subconsciente. Te sugiero las siguientes afirmaciones que dan una dirección específica.

PROSPERIDAD

Dios es mi suministro, y grandes cantidades
de dinero llegan rápidamente a mí,
bajo la gracia, de manera perfecta.

IDEA DIVINA

Todo plan que no haya sido planeado por Dios
es disuelto y disipado,
y ahora sucede la idea divina.

VERDAD

Solo aquello que es verdad para Dios
es verdad para mí, pues Dios y yo somos UNO.

FE

Puesto que yo soy uno con Dios,
Yo soy uno con mi bien,
porque Dios es el dador y el regalo.
No puedo separar al dador del regalo.

AMOR DIVINO

El amor divino disuelve
y disipa ahora cualquier condición
errónea en mi mente, en mi cuerpo
y en mis asuntos.
El amor divino es el químico

más fuerte del universo
y disuelve todo lo que no es él mismo.

SALUD

El amor divino inunda mi conciencia con salud
y cada célula de mi cuerpo está llena de luz.

VISIÓN CLARA

Mis ojos son los ojos de Dios,
Yo veo con los ojos del espíritu.
Yo veo con claridad el camino despejado.
Mi camino está libre de obstáculos.
Y veo claramente el plan perfecto.

GUÍA

Yo soy divinamente sensible
a mis guías intuitivas y obedezco
tu voluntad de manera instantánea.

TRASTORNOS AUDITIVOS

Mis oídos son los oídos de Dios,
yo escucho con los oídos del espíritu.
Yo fluyo y estoy dispuesto a ser guiado.
Yo escucho buenas nuevas de gran gozo.

TRABAJO ADECUADO

Tengo un trabajo excelente
de manera maravillosa;
doy un servicio excelente
y recibo un pago maravilloso.

LIBERACIÓN DE TODA LIMITACIÓN

Echo esta carga al Cristo de mi interior
y me libero

¡Si tuviéramos la fe perfecta, no sería necesario hacer una afirmación más de una vez! No debemos implorar o suplicar, sino dar gracias muchas veces, porque hemos recibido.

"El desierto se *regocijará* y florecerá como el azafrán". Este regocijo que está todavía en el desierto (estado de la conciencia) abre el camino para la liberación. La oración al Señor está en forma de orden y demanda: "Danos hoy el pan de cada día, y perdona nuestras ofensas como nosotros perdonamos a los que nos ofenden", y termina en alabanza: "Porque tuyo es el Reino, tuyo el poder y la gloria, por los siglos de los siglos. Amén".

"Y dejarán a mi cuidado la obra de mis manos". Así que la oración es orden y demanda, alabanza y agradecimiento. La labor de la estudiante es hacer que ella misma crea que "con Dios, todo es posible".

Es fácil decirlo en abstracto, pero se dificulta un poco más cuando nos enfrentamos a un problema.

Por ejemplo: Una mujer necesitaba demostrar una gran suma de dinero dentro de un plazo establecido. Sabía que debía hacer algo para obtener una comprensión (puesto que la comprensión es manifestación), y solicitó una "guía".

Estaba en una tienda departamental y vio un hermoso abrecartas de color rosa. Sintió que la "atrajo" hacia él. Y llegó el pensamiento: "No tengo un abrecartas bonito para abrir cartas que tengan cheques grandes".

Así que compró el abrecartas, lo que la mente pensante hubiera considerado una extravagancia. Cuando lo tuvo en su mano, le llegó la imagen de ella misma abriendo un sobre que contenía varios cheques grandes. En unas cuantas semanas recibió el dinero. El abrecartas rosa fue su puente de fe activa.

Muchas historias relatan el poder del subconsciente cuando se dirige con fe.

Por ejemplo: Un hombre iba a pasar la noche en una granja. Las ventanas de la habitación estaban selladas con clavos; a media noche sintió mucho calor, y en la oscuridad caminó hacia la ventana. No pudo abrirla y golpeó el vidrio con el puño, sintió que entraba una corriente de aire fresco y durmió plácidamente.

A la mañana siguiente descubrió que había golpeado el vidrio del librero y que la ventana estuvo cerrada durante toda la noche. *Con su solo pensamiento de oxígeno, se proporcionó oxígeno a sí mismo.*

Cuando la estudiante comienza a demostrar, no debe dar marcha atrás. "La mujer que duda no recibirá nada del Señor".

Una estudiante hizo la siguiente declaración: "Cuando le pido algo a Dios, pongo mis pies en el piso y digo: 'Dios, no tendré nada menos de lo que he pedido, ¡sino mucho más!'". De manera que la mujer nunca debe ceder. "Habiéndolo hecho todo, debe estar firme". Algunas veces, este es el aspecto más difícil de la demostración. Sentimos la tentación de rendirnos, de volver atrás, de ceder.

"Dios también sirve a quien solamente está firme y espera".

Muchas veces, las demostraciones se dan a última hora, porque es entonces cuando la gente tiende a soltar; es decir, deja de razonar, y la inteligencia infinita tiene oportunidad de trabajar.

Los deseos deprimentes son respondidos de manera deprimente; y los deseos impacientes son retrasados o cumplidos de manera violenta.

Por ejemplo: Una mujer me preguntó por qué perdía o rompía constantemente sus anteojos.

Descubrimos que solía pensar y decir con fastidio a los demás: "Ojalá pudiera deshacerme de mis lentes". Así que su deseo impaciente se cumplía de manera violenta. Más bien, debió haber solicitado tener una visión perfecta, pero lo que registró en el subconsciente fue solo el deseo impaciente de deshacerse de sus lentes; de manera que a cada rato los perdía o se le rompían.

Hay dos actitudes de la mente que causan pérdida: depreciación, como en el caso de la mujer que no apreciaba a su esposo; o *miedo a la pérdida*, lo cual crea una imagen de pérdida en el subconsciente.

Cuando una estudiante es capaz de soltar su problema (echar su carga), la manifestación es instantánea.

Por ejemplo: Una mujer estaba en la calle durante una tormenta y su paraguas se volteó. Estaba a punto de llamar a alguien a quien no conocía, y no quería presentarse por primera vez con un paraguas destrozado. No podía tirarlo porque no era suyo. Desesperada, dijo: "Dios mío, encárgate de este paraguas. Yo no sé qué hacer".

Un instante después, una voz detrás de ella dijo: "Señora, ¿quiere que le arregle el paraguas?". Era un reparador de paraguas. Ella le contestó: "La verdad es que sí".

El hombre reparó el paraguas mientras ella entró a la casa a hacer la llamada y, cuando regresó, el paraguas estaba arreglado. Así que siempre hay un reparador de paraguas en el camino de la mujer cuando pone el paraguas (o la situación) en manos de Dios.

Siempre debemos hacer una afirmación después de una negación. Por ejemplo: Una noche me llamó por teléfono una mujer que no conocía. Al parecer, estaba muy enferma. Hice la siguiente afirmación: "Niego esta aparición de enfermedad. Es irreal y, por ende, no puede registrarse en su conciencia; esta mujer es una idea perfecta en la mente divina, una sustancia pura que expresa perfección".

En la mente divina no existen tiempo ni espacio, por lo tanto, la palabra llega de inmediato a su destino y no "regresa vacía". He tratado pacientes en Europa y he descubierto que el resultado ha sido instantáneo.

Muchas veces me han preguntado cuál es la diferencia entre visualizar y visionar. Visualizar es un proceso mental gobernado por la mente pensante o consciente; visionar es un proceso espiritual gobernado por la intuición o la mente supraconsciente. La estudiante debe entrenar su mente para recibir estos flashazos de inspiración, y entender estas imágenes divinas, por medio de guías definitivas. Cuando la mujer es capaz de decir: "Yo únicamente deseo aquello que Dios desea para mí", su arquitecto maestro, el Dios de su interior, le da su nuevo conjunto de planos. El plan que Dios tiene para cada persona va más allá de la limitación de la mente pensante y siempre es la armonía de la vida que contiene salud, riqueza, amor y autoexpresión perfecta. En su imaginación, muchas mujeres están construyéndose una cabaña cuando deberían construirse un palacio.

Si la estudiante trata de forzar una demostración (a través de la mente pensante), la paraliza. "Yo la aceleraré", dijo el Señor. Solo debe actuar a través de la intuición o las guías definitivas. "Confía callada en el Señor y espera en él con paciencia; confía en él, que él actuará".

He visto cómo la ley trabaja de maneras sorprendentes.

Por ejemplo: Una alumna aseguró que necesitaba tener 100 dólares para el día siguiente. Era una deuda muy importante que debía saldar. Decreté las palabras, declaré que el espíritu siempre está a tiempo y que el suplemento estaba al alcance de su mano.

Esa tarde me llamó para contarme del milagro. Me dijo que le llegó el pensamiento de ir a su caja de seguridad en el banco para revisar unos papeles. Revisó los papeles y, en el fondo de la caja, había un billete de 100 dólares. Estaba sorprendida y dijo que ella no lo había puesto ahí, estaba segura porque había revisado esos papeles cientos de veces. Puede haber sido una materialización, pues Jesús materializó los panes y los peces. La mujer llegará al nivel en el que su "verbo se haga carne", o se materialice, de manera instantánea. "Los campos ya están blancos para la siega", se manifestará de inmediato, igual que en todos los milagros de Jesucristo.

Solamente en el nombre de Jesucristo existe un inmenso poder. Significa "verdad manifestada". Él dijo: "Todo lo que pidan al Padre en mi nombre, el Padre se los concederá".

El poder de su nombre eleva a la estudiante a la cuarta dimensión, donde es liberada de todas las influencias astrales y físicas, y se vuelve "incondicionada y absoluta de la misma manera en que Dios es incondicionado y absoluto".

He visto suceder muchas sanaciones con el uso de las siguientes palabras: "En el nombre de Jesucristo". Él fue tanto persona como principio; y el Cristo en el interior de cada mujer es redentor y salvación.

El Cristo de nuestro interior es nuestro ser de la cuarta dimensión, el ser interior hecho a imagen y semejanza de Dios. Este es el ser que jamás falla, no conoce ni enfermedad ni tristeza, nunca ha nacido y jamás morirá. ¡Es la "resurrección y la vida" de todos! Esto significa que Dios, el universal, se vuelve el Cristo en nosotros. Así que, todos los días, estamos manifestando al Cristo de nuestro interior.

La mujer debe hacer que pensar sea un arte. El maestro pensador es un artista y tiene cuidado de solo pintar los diseños divinos en el lienzo de su mente; y ella pinta estas imágenes con trazos magistrales de poder y decisión, con la perfecta certeza de que no existe poder capaz de dañar su perfección y que manifestarán en su vida el ideal hecho realidad. ¡Las sencillas reglas son certeza férrea, no resistencia y amor!

Que cada lectora sea ahora liberada de aquello que la ha mantenido atada a lo largo de los años, entre ella y lo suyo, y "conozca la verdad que la hará libre"; libre para cumplir con su destino, para hacer que el *diseño divino de su vida* se manifieste, así como su salud, su riqueza, su amor y su autoexpresión perfecta.

A cada mujer se le concedió el poder absoluto para llevar "su paraíso" hacia "su mundo" por medio del pensamiento adecuado.

Esta es la meta de…
El juego de la vida.